蜕变：魅力女性气质塑造

邵洁儿 / 著

民主与建设出版社
·北京·

© 民主与建设出版社，2021

蜕变：魅力女性气质塑造 / 邵洁儿著. — 北京：民主与建设出版社，2021.4

ISBN 978-7-5139-3486-2

Ⅰ.①蜕… Ⅱ.①邵… Ⅲ.①女性－气质－通俗读物 Ⅳ.①B848.1-49

中国版本图书馆CIP数据核字(2021)第066450号

蜕变：魅力女性气质塑造
TUIBIANMEILINVXINGQIZHISUZAO

著　　者	邵洁儿
责任编辑	李保华
封面设计	视觉传达
出版发行	民主与建设出版社有限责任公司
电　　话	（010）59417747　59419778
社　　址	北京市海淀区西三环中路10号望海楼E座7层
邮　　编	100142
印　　刷	香河县宏润印刷有限公司
版　　次	2021年5月第1版
印　　次	2021年5月第1次印刷
开　　本	710 毫米×1000 毫米 1/16
印　　张	15
字　　数	200千字
书　　号	ISBN 978-7-5139-3486-2
定　　价	49.00元

注：如有印、装质量问题，请与出版社联系。

前言 PREFACE

女人越爱越美越自由

有句话如此说：你的样子和状态就是一切美好的开始。

每个女性不一定都能够像黛安娜王妃那样美丽又富足，像奥黛丽·赫本那样美出全世界的高度和境界，但至少能够变成一个最美的自己，给孩子树立一个美好的榜样，给别人留下一个美好的印象，并且在家庭生活和工作中能够越爱越美越自由，应该不断修炼自己的气质，最终活出独特的个性与魅力。

气质和魅力是两股无形的力量，让我们与人的关系中多了一份吸引力，与事的关系中多了一份说服力，与自己的关系中多了一份洒脱与自信。所以，每个女性终其一生都需要在气质修炼上多下工夫。

以美国《读者文摘》所刊载的人生算式为例：一生以活到60岁为标准，共计21915天。其中睡眠占用20年，吃饭占用6年，娱乐玩耍占用8年，穿衣梳洗打扮占用5年，行路、旅游、堵车占用5年，生病3年，打电话1年，上卫生间1年，闲谈70天，剪指甲10天……最后剩余的时间约为10年！

如何尽量利用好这有限的时间呢？解决的方案有两个：

1. 延长寿命：张大鼻孔，用力呼吸！
2. 少做必做之事：如少上厕所，少睡觉，少娱乐。但是想想都不科学！

如果都改变不了,那就在短暂的时间内好好活吧,活出活色生香的感觉。

女性作为一个生命体降临到这个世界,为什么要有魅力、有气质呢?因为女人要有希望、有尊严,需要活得有钱而自由,阳春白雪的说法就是活得高品质又随性,活出自己想要的生命质感。一个女人的魅力大小和生命质感决定了她爱的能力、与各种关系相处的能力以及收获幸福的能力。

女人的世界是由工作、家庭、爱情、婚姻等多个维度因素组成,任何一个维度都考验着女人的能力。女人不能游于这些维度之外逍遥自在,又不能被困于这些维度之内失去自己,女人的脚步既要丈量家庭的三寸方圆,又要放眼更广阔的世界。所以,女人需要修炼,从外到内,从学识到格局,从能力到涵养,从爱别人到爱自己,等等,要从各个方面去提升,最终实现自我不断成长,从而做到应对生活游刃有余。身为女性,我们不期望自己能改变世界,但一定要在内观自己的同时,看到世界,看到别人,能够活好自己的同时也兼顾与我们有关的一切。

一个真正有魅力的人,不但能够维护好自己的外在形象,更能够强大自己的内心,能够在任何条件下保持爱的能力,保持自己能够自主选择怎样过好这一生的能力。

如果男人的一生是用来成长的,女人则要用来修炼。

女人不用做万人迷,只要有个人深深爱着,心里装着甜蜜,即使是一只笨笨的丑小鸭,也会变成白天鹅。

人生有涯,女人守住一份幸福不易。所以,我认为,女人不必太美,只要有人深爱;女人不必太富,只要过得快乐;女人不必太强,只要活得自由。这是幸福女人的真实写照和诠释。

我一直秉承着这样的人生信条:女人可以越爱越美越自由。

爱自己,爱别人,让内心因爱而充盈。让境随心转,做个用心感知幸福的女人,不要因为失去什么而苦恼,为自己拥有的而自信。

我们每一个人都走在成为自己的道路上,抓住最好的、属于自己的时间,修炼美好、独特的自己,无需受人掌控,也不求掌控别人。带着暖暖的幸福,过快乐和自由的人生。带着会爱的能力、懂爱的心去体验亲情、爱情、友情，心里满怀爱，最终实现越爱越美越自由的人生理想。

爱与美来自哪里呢？既来自外在形象的美，又来自内在品格与涵养的美，既来自学识修养又来自爱的能力和方式，同时需要有健康的生活方式和态度，所以《蜕变：魅力女性气质塑造》一书正是从这几个方面来进行阐述，让每个爱美的女性找到变美的途径，让每个懂爱的女性找到爱的方向，真正变成越爱越美越自由的魅力女性。

本书既可以逐章阅读，也可以单拎出任意一章来看，从"外在形象、内在涵养、风格品性、能力与自信、自律与坚韧、爱的能力以及活力健康"等多维度来修炼，让女性收获美丽和自信，既能在岁月无情中变得有情，又能在年岁增长中放慢变老的速度。

时间从来不说谎，你把时间和精力花在哪里，回报就在哪里。修炼自己何时开始都不晚！你所在意和努力去追求的东西，最终会以你想要的样子回馈给你。

目录

CHAPTER1："美"出来的外在形象

✸✸ 洁儿语录 ✸✸ /1

◎ 形象气质是社交的第一张名片 /2

◎ 声音是人的第二张脸 /4

◎ 仪态优雅，追求动静皆美 /8

◎ 美是能力，更是态度 /11

◎ 外在精致决定内在尊严 /15

◎ 构建柔中带刚的形象 /18

◎ 没有不会美，只有不愿美 /21

◎ 控制"围度"，打造身材黄金比例 /25

◎ 衣以章身，服饰丰富女人的生命 /28

◎ 想有"面子"要会"养" /32

◎ 提升时尚品位，注重修饰 /35

◎ 黄脸婆不是经历岁月的女人的代名词 /39

◎ 女人年龄+，美丽也要+ /42

◎ 眼中有笑，心中有爱 /44

CHAPTER2 "学"出来的内在芬芳

✸✸ 洁儿语录 ✸✸ /47

◎ 格局：人没格局比没钱更可怕 /48

◎ 才情：腹有诗书气自华 /51

◎文化：塑造心灵的维他命 /54

◎品位：与众不同的自我标签 /57

◎心智：自己对了，世界就对了 /60

◎兴趣：用爱好熏染独特气息 /63

◎美学：女性一生的必修课 /66

◎见识：要么读万卷书，要么行万里路 /69

◎气场：形成属于自己的吸引力 /71

◎仪式：把房子住成家 /73

◎感性＋理性：活出高级感 /76

◎沟通：好关系离不开"言值" /78

◎专注：真正变强的高手品质 /80

CHAPTER3："修"出来的风格和品性

** 洁儿语录 **/83

◎温和是女人的软实力 /84

◎越谦逊层次越高 /87

◎讲诚信：行走世界的通行证 /89

◎有爱有慈悲，扩大自我格局 /91

◎大度宽容，不计较鸡毛蒜皮的事 /93

◎改变自己多过改变别人 /95

◎保持上进，越努力越幸运 /97

◎女人越独立，活得越高级 /99

◎能力上做加法，生活中做减法 /101

◎真正厉害的人不靠走捷径 /104

CHAPTER4："干"出来的能力与自信

** 洁儿语录 **/107

◎从工作、学习、运动中自我提升 /108

◎相信自己行是一种信念 /111

◎女人被圈养等于吃软饭 /113

◎自己优秀才会有人脉 /115

◎怎样过一天就怎样过一生 /117

◎积极的心态是制胜法宝 /120

◎不完美,却依旧美 /122

◎所谓的稳定来自反脆弱的能力 /124

◎先有钱,才能有诗和远方 /127

◎坦坦荡荡去赚属于自己的钱 /130

CHAPTER5:"练"出来的自律坚韧

★★ 洁儿语录 ★★/133

◎坚持与自律:女人一生的护身符 /134

◎打败你的不是没有时间,是拖延 /137

◎真正高级的管理是管好自己 /140

◎不给别人添麻烦是一种修养 /143

◎又忙又美,何须患得患失 /146

◎有质量的勤奋才能得到回报 /148

CHAPTER6:"爱"出来的情感与能力

★★ 洁儿语录 ★★/151

◎认识自己的感受,接受负面情绪 /152

◎接纳了情绪才能学会爱 /155

◎做一个情绪稳定的成年人 /159

◎爱是关系的建立,先学会如何爱 /161

◎爱别人源于爱自己 /164

◎述情:多谈感受,少谈要求 /168

◎共情:宽容自己,接纳别人 /171

◎允许：尊重差异，允许成长 /174

◎影响：你变了，对方就变了 /176

◎抱怨、指责最伤感情 /178

◎强势不强，示弱不弱 /181

◎既有爱，又有边界 /184

CHAPTER7："养"出来的活力健康

★★ 洁儿语录 ★★/187

◎健康是优雅形象的支柱 /188

◎身心健康才是根本 /191

◎做一个具有正念的人 /194

◎越宽恕，活得越赚 /197

◎乐观的人不容易生病 /200

◎逆生长，不是不可以 /203

◎瘦身与美食二者可以兼得 /206

◎再忙也要保证健康的睡眠 /209

◎由外而内进行断舍离 /212

◎动起来，才能把年龄冻起来 /216

◎慢下来，是很高级的活法 /220

◎自我完善是最大的财富 /223

◎与一切和谐共存 /225

后记 /229

CHAPTER1:
"美"出来的外在形象

** 洁儿语录 **

把价值放大,才能感受价值。把感觉激活,才能活出感觉。把机会握住,才能创造无限机会。生命就是这样,你唯一能做的功课就是全力以赴不留遗憾。用尽生命才能使生命无尽。没有忘我练习,哪来无我的绽放?没有痴心以对,哪能得利灵性之光?没有与事一体的禅定,哪有厚积薄发的从容?一切的一切,核心的核心就是极致。极致痴迷、极致探索、极致显现……只为拥有一个无憾的人生。

◎形象气质是社交的第一张名片

形象气质是社交的第一张名片。初次见面，有人一见对方就马上有好感，也有人则一看对方就会生厌，第一印象决定着很多后续关系发展得顺利与否。比如，当你看到一个人在公共场合穿着一身脏兮兮的衣服，口中大骂脏话，你肯定不愿意接近他；相反，当你看到一个衣着整洁、面相舒服的人，你对他（她）便会有一种本能的信赖感。

大多数人都强调，不要过分关注一个人的外表而忽视了其内在的品质，但我们也要认识到，一个人的名字是一个品牌；一个人的形象是一张名片。衣着得体、外表端庄是对他人的尊重，也是自我成熟的表现。一个很优秀的人，往往会非常在意自己的外在形象，不一定打扮得多华丽，但一定会给人一种舒服的感觉。

杨澜曾说过："没有人有义务透过你邋遢的外表去发现你优秀的内在。"她为什么会发出这样的感叹呢，这可能和她当年在英国的一段经历有关，根据她的讲述，她有次在英国面试时穿着平时的便装就去了，也没有化妆和特别打扮，面试官一抬头看见她那张素面朝天的脸说："你的形象气质和简历中呈现的完全不符合，我拒绝向你提问。"

她面试失败以后，心情很失落，披头散发穿着睡衣裹着外套就去了咖啡厅，咖啡厅里人很多，她被安排坐在一位优雅的老太太面前，老太太穿着一双精致的高跟鞋和丝袜，看了她一眼，便写了一张便签给她：洗手间在你左后方拐弯处。她疑惑地来到洗手间，看到镜子里的自己明白了，她想起自己面试被拒的理由是穿着随意，愤慨于对方的以貌取人，此刻却发现原来自己的邋遢是对别人的不尊重。当她整理好衣服回来时，看到老太太已经走了，只留下了一张便签：作为女人你必须精致，这是一个女人的尊严。

维护好形象气质除了是对别人的尊重之外，也是开启陌生人之间的信任最好的名片。在对人的总体印象的形成上，从第一印象所获得的最初信息要比后面获得的信息影响更大，这在心理学上叫作"首因效应"。第一印象一旦建立起来，对之后获得的信息的理解和组织有着强烈的定向作用。由于人的心理具有保持认知平衡与情感平衡的特点，人们倾向于使后来获得的信息的意义与已经建立起来的观念保持一致，为此，人们对于后来获得的信息的理解，常常是根据第一印象来完成的。

美国行为学家迈克尔·阿盖尔做过一个实验：当他以不同的形象、装扮出现在同一个地点，遇到的情况完全不同。当他身着西装以绅士的面孔出现时，无论是问路还是打听事情的陌生人都会显得彬彬有礼，显得颇有教养；而当他装扮成流浪汉时，接近他的人多以无业游民居多。尽管不能以貌取人，但人际交往中形象表达出的意义胜过言语，完全可以透视一个人的灵魂和内在品质。

所以，女性朋友们要重视自己的形象气质，打造好自己的第一张名片。体态方面含胸驼背、脖子前倾者，即使年龄不大也会显出老态；在形象方面如果着装邋遢、举止粗鲁，即使长得漂亮也会显得很丑、没气质，甚至原本的漂亮也会被掩盖。神态方面，浑身松松垮垮缺少精气神，远远望去就会感觉多几分疲态。要把自己修炼成身姿挺拔，眼神坚定，举手投足优雅大方，一颦一笑充满自信的状态，这样呈现的形象气质才会让自己更具吸引力，获得更多机遇与运气。

◎声音是人的第二张脸

有句话是这样讲的:"有一种好声音,能让耳朵怀孕;有一种老戏骨,能用声音表演。"这么夸张地去形容声音,足以证明声音的魅力以及声音对一个人社交生活的重要性。心理学家认为,声音决定了他人对一个人第一印象的40%,是说话者递给别人的一张听觉名片,尤其是当人们没有看到这个人的时候,也能够从这个人说话的音质、音调、语速的变化和语言措辞、运用中感受到这个人的情绪甚至形象,从而影响对这个人的判断。所以说,声音的感染力是非常大的,声音可以说是人的第二张脸。

在生活中,女人的声音常常比思维更重要。一个音色柔美、说话让人舒服的女人,很容易被周围的人接受,即使她思想幼稚,别人也会说那是纯洁。相反,如果女人的声音难听,尽管很有头脑,也很难令人有好感。在社交场合中,如果一位女性拥有良好的举止仪态,说话的声音也很甜美,那就会更加增添她的女性气质,使她的语言充满感染力。

声音是女人自然天成的乐器,是穿越人们灵魂的旋律。美与不美,就看你如何把握和驾驭。同样的话,从不同的女人的口中说出,效果可能大不一样。因为她们说话时的声音、语调等不同,所以说话时的感情不一样。有的女人体态优美,但一发声,听的人就会觉得不舒服,甚至想远离。而有的人一说话，别人就觉得好听、爱听，并且因其声音而对这个人有了好感。另外，声音有一种心理学上的意义，从容不迫的音调和不温不火的谈话带给人的就是信任感。我们看过很多影视作品，那些正直善良的人说话是一个样子，那些邪恶奸诈的人说话又是一个样子。这就是声音传达出来的内在的东西。

《名贤集》上讲"良言一句三冬暖，恶语伤人六月寒"，说明好听的话和不好听的话对一个人情绪产生的影响可能很大，积极的声音和消极的声音也会使听者受到不同程度的感染。作为一名女性，我们每天要跟不同的人交流，和家人交流，和同事交流，甚至跟陌生人交流，这就使得交谈占据了每个人最多的时间。相对而言，也会产生最多的影响。所以，除了在意我们的外在形象是否得体大方，妆容是否精致美好，更要重视我们的声音是否好听，说话是否有分寸，不要让人看上去觉得很好，一开口说话就觉得打了折扣。另外，一个人说出来的话，一个人的声音也代表自己的身份和地位。

我们在影视和文学作品中感受过声音的魅力，当一个人手中握有权力的时候，说话方式、声音特征等都会发生改变，他人亦能够通过这些声音线索判断出谁才是真正的"老大"。反之，一个小人物或底层人物，在说话的时候不自觉地会流露出谦卑和唯诺，声音自然也会低很多个分贝。外人听来，就能判断出他/她的身份一定也比较"卑微"。我们应该都记得，在课文《故乡》中，鲁迅与少年闰土长大以后见面，鲁迅非常怀念儿时伙伴，却听到他怯生生喊了他一句"老爷"。这一声在鲁迅听起来感觉非常难过。生活的差异导致了身份的差异，使得原本手持钢叉在月亮下看瓜田的小小少年变成了一个木讷有了封建等级意识的"下人"。而"豆腐西施"杨二嫂说话尖刻，一副细脚伶仃的圆规样，让读者一看就感受到这个人物的刻薄与不友好。

这说明什么？说明我们要说符合自己身份的话，你是温婉可人的淑媛气，还是口无遮拦、东家长西家短的无事可做的农村妇女；你是良言不贵多的文化人还是口若悬河的话痨，通过人的讲话都能体现出来你的声音代表了你的身份，让人一听就能进行判断。

声音虽然由体内器官发出，带着天然的物理属性，但声音同时也有情感属性，反映人的很多状态，如情绪、情感、年龄、健康状态、喜好等等。有人说"声音是女人裸露着的灵魂"，声音能透露女人的内心世界。声音是身体最美的旋律，它自然天成，魅力持久，而且可以在后天的努力之下越来越美。很多女人懂得打扮，懂得穿衣，懂得用香水，懂得学习礼仪，但不懂得善用声音。

虽然每个人每天都在开口说话，但一定不能低估了声音的力量，声音好听的人往往一开口就赢得了别人的好感，声音不好往往会很糟。

美国圣地亚哥州立大学心理学家 Sei Jin Ko 说："无论是父母训斥子女，顾客和小贩讨价还价，还是各国首脑磋商，在谈话交流中，个人声音的物理性质也能够对交流结果产生重大影响。"

所以，人们在谈话交流时流露出来的非语言特征（比如音调、音色、音高等）会泄露一个人的内在秘密。而这个秘密就是声音的物理属性附带的情感色彩。曾有报道称，英国首相撒切尔夫人为改变自己的说话方式，曾经接受过高强度的密集训练。经过培训之后，撒切尔夫人能够在言谈举止里展现出一种威严的、强大的气场，不怒自威。

女性在说话时要动脑筋，要温和委婉，尽量不要说让别人感觉不高兴的话，要给对方足够的面子，同时也要让对方明白我们的想法。聪明的女人还要虚心地听别人讲话，不仅听语言，还要听语调。一个会说话的女人往往也是一个高明的听众，这样对方才会愿意把她当做知心朋友，愿意向她吐露心声。讲话的音量要调整适度,语调平稳,速度不缓不急,此举显示你对自己信心十足。平时多加锻炼,尽量做到声和气婉,话由心底流出,轻松自然,和蔼亲切,不紧不慢,能给听者以舒适、安逸、细腻、亲密、友好、温馨的感觉,也能弘扬女性的文雅和阴柔之美。

◎仪态优雅，追求动静皆美

有人说，如果你不能在七秒钟的时间内打动别人，也许你就要花7年的时间来证明你的优秀。就好比去书店买书，书的封面设计和内容是一样重要的，人也是一样。乔布斯与夫人的相识，就是源于乔布斯在一场演讲时被前排他夫人优雅的形象吸引住了。

很多优秀的女性朋友们很注重自己的形象，无论是去美容院还是健身房，控食减肥还是瑜伽运动，每一个爱美的女人都在变美的道路上孜孜不倦，永不止步。可是，大部分人都是尝试多种方法，却依然觉得自己属于那种"虽然五官端正，但总是看起来没气质"的一类人。生活中，总有这么一些女人，周身堆满名牌，穿金戴银，但怎么都让人感受不到其气质的优雅和高贵。仪态的优雅非常神秘，想抓住的时候看不到踪影，缺失了却怎么着也不美。比如，体重明明不算重，看着总觉得有点肿；身高已经160+，却总被人说矮。这些都是仪态不优雅惹的祸！仪态不优雅不仅会影响胖瘦，更会让整个人显出老态，没有精神。头前伸、塌腰、耸肩、驼背、含胸……这些看似很普通的问题，实际上已经毁掉了一个人的整体形象。

仪容、仪表、仪态是影响一个人整体气质的重要三因素，它们决定了我们留给别人、留给世界的第一印象是怎样，是我们塑造自我所绕不开的话题。

CHAPTER1:
"美"出来的外在形象

仪态决定整体感觉，好的仪态能体现一个人的精气神，糟糕的仪态使人显得颓丧、没精神、畏缩、不大方、不自信等。所以，优雅女士们想要展现出自己的优雅大方，就应该注意矫正自己的仪态，好的仪态使你更加自信。

气质、仪态是一种无声的交流语言，还有人说它是世界语。女性的魅力不仅仅是脸蛋与身材的问题，更重要的是需要优美、优雅的举手投足来展现。

那些优雅的女子们也许相貌不是特别出众，但其一言一行、一颦一笑都藏着独特的气质。而缺乏优雅的人则会出现仪态不端的现象，比如：站没站样，坐没坐样，常常有不由自主、无意识的动作，站着晃悠，坐着抖腿，张着胳膊打哈欠。所有的这一切，就会让人和优雅失之交臂。优雅的正确的站姿、坐姿、走姿可以给人留下良好的第一印象。

曾有一位心理学家做了一个实验，人们在相互接触的开始四分钟是形成人们认知的至关重要的时间区域，是人通过感官察觉对方外貌而形成的，所以第一印象尤为重要。如何拥有优雅的仪态是每一个女人都需要学习的一门艺术。法国女人的优雅全世界闻名，无论是不老女神苏菲·玛索，还是祖母级的总统夫人布丽吉特，她们恰到好处的性感，举手投足间的高贵，自信且独立的现代女性气质，就算在美女如云的欧洲也是独树一帜的存在。

一个法国男人和他老婆开玩笑：希望你到八十岁还有人追求，不是八十二的老头追你，而是二十八岁的帅哥。法国的浪漫基因让法国男人敢开这样的玩笑，也让法国女人活到老、优雅到老。哪怕是70岁的法国女人，很少看到她们不施粉黛上街，她们依然会衣着光鲜，妆容精致地踩着高跟鞋走出女王气场。

所以，女性要在仪态方面下工夫，尽量修正自己的体态，无论从运动健身还是日常生活中的方方面面都多加注意，改掉和纠正不良的体态，无论高矮胖瘦，打造出属于自己的仪态美。

仪态一旦优雅，女人就会呈现出"静如处子，动如脱兔"的美好，举手投足间就会多几分美感，让人一看就会感叹"这个人好优雅"。

CHAPTER1:
"美"出来的外在形象

◎美是能力,更是态度

如果把女人分为三种类型,大致可以这样分。第一种:懒女人。什么都懒得弄,最后连老公都懒得看她,生活也懒得回馈于她。第二种:傻女人。把老公和孩子都打扮得像帅哥、王子或公主,把自己打扮得像保姆。第三种:聪明美丽,独立有魅力的女人。他们在孩子面前是优雅美丽的母亲;在众人面前是端庄、高贵的女性;在老公面前是性感、妩媚的妻子。

这三种女性高下立见,如果一个人不重视自己,慢慢地别人也不会重视你,只有自己活得美丽才会收获更加美丽的人生。

如果说快乐是一种选择,同样,美丽也是一种选择。当你放弃自己、敷衍自己的时候,离他人放弃你也就不远了;女人让自己美丽。不是虚荣,而是让身边的人为你而感到骄傲,妻子是丈夫的脸,是孩子的原……也许外表不能让你赢得一切,但谁也无法否定它可以为你营造一个好的开始,其实爱美是一种美德,也是一种能力。

不论生的漂亮还是活得美丽,都是上天的赏赐,古代有杨玉环天生丽质难自弃,一朝选在君王侧,实现了一人得道鸡犬升天的盛极之景。还有武则天,凭着自己的美丽、智慧与政治手腕登上了权力的最高宝座,实现了高高在上的女王人生。

每个女性都应该问自己这样一个问题:"作为女人,自己想要什么?"答案或许是多种多样的,希望自己活得年轻靓丽,活得轻松自在;希望自己拥有幸福美满的婚姻、温馨的家庭。拥有这些的前提是不但要生得漂亮,还要活得漂亮。

什么事物能够帮助我们实现这个"生得漂亮"和"活得漂亮"的目标,那才是我们真正需要的,生得漂亮和活得漂亮的根本都是在富养自己。

一旦实现了这样的目标,就能真正掌握自己的命运。不因熬成黄脸婆被别人嫌弃,也不因过手心向上的生活让人不满,即使真正要花别人的钱来打造自己,也要有杨玉环的美丽和武则天的气场,才能让别人心甘情愿为你花钱。

相貌上的漂亮不是每个女子都拥有的,心态上活出的那种处变不惊才是女人一生中最雄厚的资本。追求外在漂亮和内在美丽,才是处于富养自己的状态。就像作家苏芩曾说的:"女人就是要富养自己。你身上所有的焦虑和戾气都是亏待出来的。不想被俗世浸透,那从现在开始,先爱上自己。我们要对自己足够好,才能一直优雅到老。"

你亏待自己,就会给别人亏待你的理由;你富养自己,生活就会富养你,不亏待你。富养自己,才能让别人看得起自己,才不会被亏待,才能配得上任何美好的东西。

俄国作家契科夫说过一句经典名言:人的一切都应该是美丽的,包括:面貌、衣裳、心灵、思想。女子的美尤其如此,可以是朴素,也可以是精致;可以是让人舒服,也可以是惊艳;可以是小家碧玉的美,也可以是大家闺秀的美;可以是温良贤淑的美,也可以是独当一面大气磅礴的美。

一个女子长得美并不是一件难事,但日日与岁月厮守,走过无敌的少女岁月,跨过活力满满的青年时期,应对了中年生活的压力,却能够从容优雅活出美美的老年……这样一路走来,让自己美了很多年并一直让自己美下

CHAPTER1:
"美"出来的外在形象

去，足见一个女人的认真和坚持，足以想象一个女人对自己爱得执着，真正做到了向美而生，把美当成了一生的信仰。这样的女子，在勉力维持的美貌背后，一定藏着令人感叹的严于律己，体内住着一个怎样克勤克己的灵魂，也一定有把美丽进行到底的神圣使命带动自己不断完善自己，活成感动自己的女神。就像时尚女魔头香奈儿说的那样：一个女人只有自律才能拿回属于自己的一切，因为重要的根本不是美貌本身，而是坚持美貌的能力。能一直美下去，才是一个女人的终极梦想；能一直美下去，才是一个女人能力的真正体现！这种能力就是一个女人的综合实力，貌美、型美、智美、德美全方位的提升。美丽的背后，包含着一个女人对自我、对生活、对人生的有效管理和掌控。

你可能会问，美有那么重要吗？是的，毋庸置疑！纵观古今中外，有很多多才多艺的美丽的女子。

比如：因为美得纯洁无瑕被称为"天使"的奥黛丽·赫本有着清秀且耐看的外表，远山黛眉如刀锋一样鲜明，让人看一眼便难以忘怀；水润的杏仁大眼在红唇的衬托下极其动人。赫本的微笑令全世界着迷，轻盈温暖，带着一股不食人间烟火的味道。赫本作为很多人心中的女神，已经不能单纯用美丽这个词来形容她的容貌了，毋庸置疑赫本非常美丽，而且美得不肤浅，很有穿透力。

比如：因为美丽被喻为"精致一生，妖艳到老"的舞蹈家杨丽萍，有一种天然的灵性美，就像她表演的《雀之灵》舞蹈一样，展示着大自然原生态的力量，在纤细、柔美中迸发出生命的激情。如今，许多年过去了，岁月无痕，她的美依旧让人过目难忘；远远地看，她仿佛就是一只高贵、优雅的孔雀。

无论是赫本还是杨丽萍，她们都是美的代表和美的化身，是外在美和内在外兼而有之。真正的美是多方面、多角度的，无论拥有哪一种美，外在美和内在美并不是对立的关系。

世上有千万朵花,每一朵花都有它的美丽。世上有千万个女人,亦有千万种美丽。美是一种能力,更是一种态度。

CHAPTER1:
"美"出来的外在形象

◎外在精致决定内在尊严

网上流传一句话：好看的皮囊千篇一律，有趣的灵魂万里挑一。事实上，这个说法应该换一换，具备有趣灵魂的人皮囊也一定差不到哪里，反过来亦如此，精致的外在也代表内在的有趣。试想，一个外形粗糙的人内在又能有趣到哪里呢？所以，既要追求内在的有趣，又要注重外在的精致。

居里夫人说，17岁时你不漂亮，可以怪罪于没有好基因；但是30岁了依然不漂亮，就只能责怪自己，因为在那么漫长的日子里，你没有往生命里注入新的东西。在这个愈发追求内在美的时代里，有些人慢慢放弃了外在的打理和美好的欲望，觉得外在美是无用的，甚至对长得漂亮的人嗤之以鼻，认为他们的内在没有你的有趣。然而，一个人外表如果不精致，很难有机会让人看到内在的有趣。

比如，某幼儿园招生面试里有一条：看父母的身材。据说这是为了考察孩子的父母是否自律，一个管理不好自己身材的人是不可能自律的，缺乏自律的父母很难培养出自律自强的孩子。对于这个条件的要求，大部分人觉得幼儿园有歧视别人的嫌疑，但不得不说，一个人活得精致不精致，美不美已经关乎到内在的尊严和外在的很多事情了。

心理学家发现，无论男女，对外表讲究的人总是更受欢迎，这可能是晕轮效应的作用，指把某一优点泛化到全局以及漂亮辐射效应，即人们希望和对外表讲究的人在一起以提升自己的大众形象。

韩国电影《丑女大翻身》是一个经典的励志电影。故事中的女主角汉娜天生有一副动人的嗓音，却因为过度肥胖和丑陋的外表只能做幕后代唱。由于暗恋着帅气的音乐制作人，但又深知自己的相貌丑不会被其在意，过着非常沮丧又自卑的生活，于是暗下决心去整容。技术高超的整形医生让汉娜可谓是脱胎换骨，从丑小鸭摇身一变成了白天鹅。整形成功的汉娜化名为珍妮去参加歌手选拔赛，由于得天独厚的嗓音和美丽的外表脱颖而出，很快便成了炙手可热的红人，并得到了之前音乐制作人的倾心。

汉娜勇敢地改变过去的自己，努力追求漂亮的外表没有错。看似肤浅不自信，其实只是为了求得生存的基本条件：不再被嘲笑，不再被外表束缚自我的才华、限制努力，追求爱情，实现自我。由于实现了外在的美好从而赢得了内在的尊严。

影片的结局很美好，或者说因为汉娜变美才有了逆袭。男主角（音乐制作人）即使知道真相也并没有嫌弃她，反而鼓励她面对真实的自我。看着汉娜在舞台上自信地歌唱，他露出了会心的笑容，眼里充满爱意。

假如汉娜还是曾经的"丑陋形象"，音乐制作人会不会因为"爱上她的才华"而不嫌弃其外表呢？这只能是假设，即使音乐制作人爱汉娜的才华，汉娜也会自卑于自己的外表而藏起自己暗恋的心，不敢去面对心仪的人，最终让爱情的机会流失。或者说这种假设在现实中肯定不成立，男人都是"好色之徒"，往往会爱一个人的美貌大过爱其才华。有句大实话是这样说的："没有好看的皮囊，谁还会在意你的灵魂是否有趣。"

CHAPTER1:
"美"出来的外在形象

很多时候,一个人的形象往往决定了自己的人生,决定了受人尊重的程度,更直接地讲,决定了事业和收入。无论贫穷还是富有,无论身处巅峰还是低谷,请做一个精致的人,对生活多一点尊重,生活才会对你温柔以待。

◎构建柔中带刚的形象

有人用水比喻女子——女人是水做的,意在指女性既有润万物而不争的柔,又有水滴石穿的刚,柔中带刚的美才是完美的。

有人形象地描写水——水遇圆则圆,遇方则方;遇草药变良方,遇粮食变美酒",但是水自身的本质却不改变,无色无味,纯洁透明。因为水的这一特性,历代文人学者、哲学名家都格外推崇和喜欢以水喻人,以水喻女性的阴柔之美,拥有水的秉性和特质就等于拥有了做人的智慧和生存的哲学。

"柔"是这个社会长期以来给女性的标签,"刚"则是女性给自己的力量。自古以来,刚强的女性被人所称赞,带给了我们榜样的力量,她们的存在同时也提醒着这个社会,娇嫩的花儿看似柔弱,禁不起风雨的吹打,抵御不了烈日的炙烤,但她们原本也属于野外,同样是在这广袤大地生活了许多年的生物,她们所拥有的刚强不比谁少。所以,真正有魅力的女性柔是智慧,刚是本性,柔中带刚才是一个女性在社会上的立足之道。

现实生活中,女性要修得"柔"的品性,比如,工作中哪怕非常有能力,也要有谦卑、低调的姿态,如此才能与人更顺畅地合作,赢得别人更多的尊重。生活中,哪怕有非常强的赚钱能力,也要有柔情和美的一面,理解和关爱配偶,不要在家里耀武扬威、耍大牌。在学习中更要如此,抱着一颗谦虚的心才能不断进步和完善自己,像水一样,水满则溢,只有永远奔流不息才能冲开泥沙,推开淤堵,顺畅有序。柔的另一面则是表现出低调与内敛、不张扬,遇事更包容。这样不但是美的,更是具备大智慧的表现。

在人与人交往的时候,要把自己的位置放低,这是一种智慧。如果身为领导者,更要放低自己,这样大家才能向你汇聚而来,来成就你。如果你让自己高高在上、盛气凌人,就不会有人向你靠拢了,你的事业将很难长久。

放低自己的人不是不知自尊,而是将那份自尊感默默化作了前行的力量。那是真正的内心强大,能扛得了风雨,也能装得下委屈,这种人常常能得到自己想要的。这也是由"柔"化成"刚"的真正内涵。能成大事者,往往具有超出常人的胸襟和气度。相反,容易玻璃心的人,总是轻易折在一件小事上。

有些女人总能在工作和生活中赢得别人的青睐和信任,因为她们自身散发着强烈的吸引力,她们的成功秘诀在于她们调和了温柔与体贴、坚强与能干两种不同类型的特质,她们不会压抑自己的个性,但也不会让自己的个性过分释放和张扬,而是懂得使柔与刚的两股力量平衡,并且激发出比这两股力量的总和还要大的"合力"。一个女人最能吸引人的地方,就是真正的刚柔并济,外圆内方。以前女人生怕表现得太强而使男人有威胁感,心怀自卑而意兴阑珊,还好女性终于有了自觉,心想"管他的"就表现一下女人并非弱者又何妨。

柔与强是相生的,坚硬的岩石缝里也能长出娇嫩的花。而一个女性的美是她柔弱的却能包容星辰大海的内心;是她自由不羁的坚强的灵魂;是她随风舞动的身躯；是她洁净的脸上流下的怜悯苍生的泪。如果成为这样的一个刚柔并济的女子一定很美吧？

美有千万种，但最令人印象深刻的一种叫作与众不同，而又柔又刚的女子恰恰是最与众不同的那一种。仔细想想，不管经过多久我们都会对其一直充满好感的，始终是那些有着自己独特风格的女子。她们活出了自己最想要的样子。

CHAPTER1:
"美"出来的外在形象

◎没有不会美，只有不愿美

有句女性都耳熟能详的话：世上没有丑女人，只有懒女人。笔者对此深以为然。对于提升自己的美丽，没有不会美，只有不愿美。在自我蜕变的路上，只要愿意就能做到。

有句话说，长得丑不是你的错，但因为懒让自己变丑就是你的错。每一个颜值在线的女人都是靠自己精心装扮的，从穿衣、搭配到妆容选择，每一天的练习和积累会把自己逐步推向颜值的巅峰。

现实中不是人人都能够天生丽质，大部分人都属于普通人，难道普通人就不可以变美吗？当然不是。只要你愿意改变自己，即使生得很普通甚至"丑"也能找到自己变美的路径。形象是可以改变的，气质是可以改变的，体态和言谈举止是可以改变的，只要朝着正确的方向去努力，往往会收到让自己感到惊艳的效果。

在形象改变方面，最简单的例子就是，有些女人破罐破摔，自己就认为自己很差，也不愿意去改变，留个不堪入目的发型，每天也不化妆，随便买件衣服套在身上，要么把自己包得跟个兵马俑似的，要么不该露的乱露……当你懒得改变自己，其他很多事，比如爱情，比如事业，比如机会也懒得理你。假如你本身条件不好，但是又懒得去改变，时间一长，自然会和别人拉开差距。

气质的改变同样如此，气质和人所处的环境、所学的知识、所经历的事有着很大的关系。比如，一个经常处于信息闭塞的乡下女人，和一年到头在大城市生活的人，时间长了气质一定会有差别。但是却不是绝对的，随着网络的普及信息的泛化，任何一个人都可以通过网络获取自己需要的资讯，只要善于学习，也可以培养起独特的气质。不要嫌麻烦不去学习，不要拿着手机消磨时间而不去运动，不要躲在家里不去接触大环境，这些细节注意了，气质慢慢就出来了。

当形象和气质变了，个人的能力也会渐渐地提升。最怕的是形象普通气质一般，还懒得改变，整天宅着，看剧追星，在生活和工作中默默无闻。这种女人只知道羡慕别人有多了不起，却不知道自己身上也有各种潜力。她们不知道，在她们得过且过的时候，别人都在做着改变。这里所说的能力，包括很多方面，不仅仅是工作能力，其他的如化妆、穿衣搭配、社交口才等都是能力，都是可以通过努力去提升的。不管你在任何一方面有出色的能力，都可以为你整体的"美"加分，前提是你要摆脱自己"不愿美"的懒惰思想。任何一种能力都不会不请自来，它是锻炼出来的。

韩国著名的减肥天后郑多燕是很多女性的楷模，看到她的广告视频，女人们都会感叹，如果在46岁的时候还能够拥有与她一样的身材，那一定棒极了！与许多有故事的人一样，在郑多燕窈窕姿身态背后，也有着辛酸的过往。原本是一位室内设计师的她，在结婚后为了相夫教子，辞职在家。结果体重一路飙升，从窈窕淑女成为了肥胖的师奶。原本她对这些也不以为然，就算是肥胖逐渐影响到了她的健康，她也只是认为这不过是一个过程而已。可是一个晚上，当她听到睡梦中的丈夫说："真怀念你婚前的样子呀！"她才第一次意识到，即使是婚后，女人的形象也一样与生活息息相关。在医生的帮助下，郑多燕开始减肥，在身材的逐渐恢复中，她还根据自己的实际经验研发了针对办公室白领丽人和主妇们适用的"Figurerobics"形体有氧运动。这套每天只需半小时，简单易学的运动一经推出就受到了热烈的欢迎。

郑多燕的经历，验证了一句话：没有丑女人，只有懒女人。

大部分懒人的具体表现是：

当美女都在健身房挥汗如雨的时候，女懒人却窝在沙发上抱着零食追电视剧；

当美女都在给皮肤做 spa 的时候，女懒人却一边熬着最长的夜，一边顶着黑眼圈刷着抖音；

当美女都在跟着时尚名媛课堂或杂志学如何搭配服饰，如何化妆造型的时候，女懒人却在逛地摊找便宜货，为自己几百元淘到一堆衣服而沾沾自喜；

当美女都变成了时尚辣妈一边育儿一边精致的时候，女懒人却说自从有了孩子再也抽不出时间打扮自己；

当美女无论多忙都要在出门之前给自己化个淡妆的时候，女懒人却可以顶着油腻的头发、素到极致的脸出门，并且自我安慰说简单才美；

……

很多时候，变美不是因为没钱或没时间，而是因为你有钱有时间也不去做，是内在的一个"懒癌"作怪，宁愿让自己"丑"下去，也不想在变美的路上奋起直追。

不论你是家庭主妇还是上班族，外在的优雅形象，都会对你的生活产生独特的影响力。形象作为我们面对公众的第一张名片，会影响别人对我们的第一印象。你邋遢的衣着，会让你显得古板以及没有情趣；你失控的体重，则更会显得你对自我缺乏控制力。形象，并不是一个简单的穿衣、发型、化妆的组合概念，而是一个综合的全面素质，一个外表与内在的结合。

所以，时刻提醒自己，没有不会美，只有不愿美。当你自己想要改变的时候，全世界都会为你让路。

CHAPTER1:
"美"出来的外在形象

◎控制"围度",打造身材黄金比例

女性身材之美,不同时代、不同国界呈现出不同的审美标准。唐朝时期以丰腴为美,现代人却追求骨感。有的国家以肤白腰细为美,有的以火辣性感为美,无论是怎样的美,大体上都离不开身材对称和围度适当。如果把人的身体比喻为一个建筑或一幅图,身体的对称美表现出来的视觉感受就是匀称健康和符合身材围度的黄金比例。

女性的标准身材取决于胸部、腰部、臀部等的比例以及各自的高度。如果在身体的中心画一条直线,我们可以分别以胸部和臀部为顶点造出两个三角形。如果中心线两侧的三角形的前后和上下的比例都均等,且有交叉点正好位于腰部则可称为理想的体形。

好身材并没有我们想的那么简单,它不单单要求我们瘦下来,更要拥有凹凸有致的身材曲线,这才符合好身材的标准,就拿时下流行的蜜桃臀、马甲线、人鱼线来说吧,并不是瘦就可以塑造出来,它需要你付出努力与汗水,科学合理的饮食,为我们的身体提供充足的养分,尤其是蛋白质要及时补充,同时坚持有益身心的运动。虽然每个人天生的身体条件是不同的,但是通过科学合理的训练和营养均衡的膳食,每个人都可以将自己形体的美演绎到极致。

如果女人把自己打扮得漂漂亮亮是为了诠释那句"女为悦己者容",那么，女人保持完美身材往往是"为自我悦纳而美"。想要保持好身材需要付出很大的决心和坚持，而一个人一旦不再在意自己的身材和形体，是很危险的。因为这意味着一个人对自己的魅力和吸引力产生了不自信，这可能带来心理上的一系列变化，也会给生活带来不快。我认为，女人保持形体的完美，可以给自己更多自信、快乐的生活。

那么，女性的形体美究竟有哪些标准呢？

五官美讲究三庭五眼，而身体的美重要的是"三围"标准。三围是否好，直接影响人们的感观。前凸后翘的精致感觉就是三围在起作用。三围包括胸围、腰围和臀围。

胸部美的标准：乳房是否美丽是衡量胸部美不美的基础，乳房的弹性和饱状态、乳晕颜色和光泽以及局部的皮肤是否光滑细腻，乳头状态是否圆润，以及乳房位置是否对称，大小与整个形体的关系是否符合美学的标准和范畴。

腰部美的标准：女性的腰腹按照审美观点应当是女性三围当中最细的一围，它的粗细直接影响着女性的形体美。时下形容美女是 A4 腰，其实不是越细的腰就越美，而是要从整体的比例来考量。上下呈圆滑的曲线，上接肩部和胸部，下延丰满隆起的臀部。躯体之所以美，是因为上腰身部有凹点，下腰部又柔和的向臀部扩张，正是这种变化，使人的曲线有了美感。

腹部的美从正面看，肚脐两边应有两个对称的凹陷，与肚脐凹陷共同将腹部分成两个部分。胸围和臀围应大致相等，使腰部曲线柔和。从侧面看，腹部应与乳房的前突部分和臀部的后突部分对称，形成"S"形。

臀部美的标准：臀部在女性人体美中占据着重要的地位。无论是服装设计还是舞蹈动作、艺术创作甚至是人体模特雕塑绘画等都有意夸大臀部，以强调女性的曲线和性感。无论是苹果臀还是蜜桃臀，都是形容其圆润饱满，所

CHAPTER1:
"美"出来的外在形象

以，臀部的美从背面看臀部成两个完善的圆形，臀部向后突起而无下垂，皮肤光滑坚韧富有弹性。

除了三围的美之外，女性的身体美还离不开背部和腿部的优美。尤其是背部美已经成为美的另一个主要参照标准，六十岁的杨丽萍因为露着状如二十岁的美背而上了热搜。可见，一个美丽的背是继三围之外更大的加分项。后背美由于其面积较大仍然是女性形体美的重要部位。女性背部美的标准一般是指背部宽窄适中，与臀部的比例适当，肌肉丰满、腰部起伏、弯曲明显、脊柱沟比较明显、肩下骨不太突出。

从上到下，背部美也不能忽略腿部的美，如果腿不直不修长，也会对其他部位的美造成影响。腿部美无论在着装的情况下还是在裸露的情况下都能产生很大的诱惑力，同时对于女性身材、轮廓、曲线等都很重要。

腿部美的标准：腿部长度是身高的一半以上，骨骼正直、外形圆润，粗细适当，皮肤有弹性，膝盖外形圆润，骨骼纤细。大腿和小腿笔直伸展，小腿较长，是大腿长度的四分之三以上，两腿合拢时其间隙不超过2厘米。这些标准使女性的身材显得修长、挺拔，并且对女性的风度气质有很大影响。

事实上，无论是自己在家的形体训练，还是参加一些组织活动的训练，都要基于一个前提：没有一个女人不喜欢自己有好身材，没有一个老公不喜欢自己老婆有好身材。哪怕一个女人已经当了妈妈，已经当了阿婆或阿奶，好身材都是必需的，也是必要的。美美的外形不仅让别人看着赏心悦目，也是对自己健康的负责。

所以，我们追求的美，看似是外在的美，实际是为了跟内在美进行连接，最终达到身心合一。

◎衣以章身，服饰丰富女人的生命

服装对于一个人的意义，在快节奏的生活中已经远远超越了过去简单的含义，服装对于人就像一本书的封皮，人们直接的印象往往先从外再联想到内。譬如花巨大的时间去与陌生人聊天交心已变得不切实际，人们通常是通过服饰穿着，来试图猜测身后那些无法直接表现出来的东西，进而判断价值观，最终选择是否进一步升华关系。同时，服装在保暖遮羞的基础功能之外又不断增加了很多美学价值，对于女性来说更是如此，人靠衣装来烘托品位和彰显内涵。各种漂亮的衣服从来就是女人展现美的一种宣言，一面旗帜。

女人用自己全部的情思将自己装扮得端庄得体、风姿绰约，高贵优雅、时尚妩媚，休闲舒适、青春靓丽。衣服颜色的不同更是表达女人心情的晴雨表，喜时一袭艳红，忧时一身幽蓝，神秘时一个紫色，明媚时一个亮黄，女人就这样千般地秀美，万般地妩媚。鸟儿靠美丽的羽毛赢得青睐，衣服就是女人的羽毛，为女人的形象代言。

当然，穿衣服是一件学问很深的事，合适的才是美丽的，不合适的衣服无论多么华贵，终究会有别扭之感。只有在了解了自己的状态下，才能更好地让衣服为自己加分，起到修饰、美化，展示自我的优势等作用。

了解自己的着装，要从三个方面着手：

CHAPTER1:
"美"出来的外在形象

第一、了解自己的穿衣风格。在着装的过程，服装除了颜色，还有款式、面料、剪裁，穿硬面料还是软面料，穿大图案还是小图案，不但跟个人身份有关系，也跟我女性的不同气质和审美趣味有很大的关系，我们把这种统称为女性的穿衣风格。

第二、了解自己的个人喜好，衣服对于人来说既要穿得美，也要穿得舒服，有的人喜欢休闲，有的人喜欢职业，有的喜欢文艺，有的喜欢时尚，只有了解自己的喜好，才能找到适合自己的款式、面料以及剪裁。

第三、了解自己的体型，高矮胖瘦各有不同，衣服搭配的合理不但能够扬长避短，还能穿出更独立的气质与风格。

这三点注意事项能够解决一个人选择服装的审美问题，不仅仅停留在追求服装美，而是追服装整体带来的美学和美感。

从一般层次讲，注重服装美的人，往往只关注到商场里的衣服是不是好看、穿在别人身上是不是好看、价格是不是合理。有些衣服放在模特身上的确是好看；有些衣服穿在别人身上的确是十分好看；还有一些衣服档次高，一见就有高贵的品质，所以，有些人买衣服就拣价格高的买。殊不知，这些衣服真正穿到了自己身上，反而失去了看到时的效果，就像是硬贴在自己身上的，不像是自己的衣服。

出现这样的问题是因为衣服作为一个物件，在你看到它的时候只是一个欣赏的对象，无论是穿在模特身上还是别人身上都一个道理，你不是那个穿衣服的人。一件衣服适不适合自己穿，好比缘分：有些衣服再好看，跟自己无缘，有些衣服不怎么好看，也不怎么昂贵，却非常地适合自己。奥妙在哪里？在于你必须把服装美变成服装美学。服装美是别人的，服装的美学才是自己的，要想让衣服为自己服务，提升穿搭格调的话，必须从别人身上收回目光来认识自己。起码要认识自己的形体、性格、职业等，然后根据你自己的这些情况来选择适合你自己的衣服，衣服就成了为你服务的道具，你就成了驾驭衣服的主人。

有些朋友很讲究穿名牌。当然名牌衣服有其物有所值的一面，但真正的好衣服是那些穿在自己身上非常合适的衣服。

身体本身也有文化，有其生理结构的特征。比如，很多国外的名牌服装其实是依照自己国人的身体美学设计的。例如意大利人的下半身比例长，上身较短，所以他们上面穿一件小马甲，下搭长裤裤装，穿起来就很美，但我们一味模仿这种穿着就不一定会达到同样的效果。

所以，关注身体之美的同时一定要关注服装之美。"美"不一定价格昂贵，而是有一种真正适合你自己的独一无二的风格和范式。找到适合你的风格和范式不是那么容易的事情，其中决定性的因素是"审美能力。"

服装，与其说是对身体最美的装扮、倒不如说是对灵魂的致敬——因为它是灵魂对于美的渴望的最外在的言说和宣告。服装学是一门大学问，大家还是要花一点心思去了解自己适合什么样的颜色、造型，自己和什么样的服装搭配在一起是最合适的。我觉得这才能穿出衣服的美感，而不是轻率地就把自己的身体交给名牌。

最后有一个建议：每一年，穿上那件你觉得最能展现自己的衣服去拍一张形象照，如果妆容和衣服让你体验到很美的自己，你会发现随着自我形象、身体形象和外在形象越来越协调，你美得也会更加自在。

相起凝固在某个状态、某个形象里，对自己认识不断加深的自信才是对美丽最好的支撑。

现实生活中很多人看见一件漂亮的衣服就想买，可是却一点儿不考虑穿

CHAPTER1:
"美"出来的外在形象

在身上的效果,结果不是衣服衬得人更好看,而是衬得人更丑了。

人最可贵的是了解自己。

只有了解自己,才能明确自己适合穿什么样的衣服,适合什么样的生活,才能创造属于自己的最好的人生。

◎想有"面子"要会"养"

女人最骄傲的事情不是有多年轻,而是周围的朋友都老了,自己还是那样年轻。而考察一个女人是否年轻的最直观的方法就是看她的皮肤是不是呈现"年轻态",面子是不是属于"健康品"。

皮肤好不好一定程度决定一个人的状态是否年轻,同时也是一个人内在精气神的体现。皮肤好不仅仅代表美丽,还代表健康。所以,时刻保持自己健康美丽的皮肤状态,皮肤好才让女人更有"面子"。

皮肤好有几个标准,首先是肤质均匀,无论是古铜色还是象牙色,黑有黑的俊俏,白有白的状态。其次是没有瑕疵,比如斑和痘痘以及色素沉着和皱纹。再次,皮肤状态要符合实际年龄,甚至比实际年龄更年轻。

颜值时代,美丽的力量毋庸置疑,有人执着于三庭五眼四高三低,有人执着于清水芙蓉、素颜清澈,而美丽的基础在于肤质的持续的年轻态!

从古到今,对于女性的好皮肤都有一些特定的描述和评论,比如古人用"肤若凝脂"来形容皮肤光滑、细腻而洁白,而这种形容和感觉就是评价中国古代美女的主要标准之一。女人美不美,首先要看肌肤,而肤色白最为难得。当今的人形容女性的好皮肤也会用"艳光照人、白里透红"的字眼,保持皮肤好颜色、好状态应该是女人最重要的功课。

把皮肤比喻成衣服，那么这件衣服应该是最贵的那一款，也许你不舍得花钱买一件高档衣服，但是对于自己的脸，下手一定要狠，没有什么比外在美更吸引人眼球的，臭美是女人一生的伟大事业。

皮肤管理这个事情要投入精力，要投入金钱，要克制自己……要做的事情很多。能做到哪一步，要看你觉得这事到底有多重要，对结果的要求有多高，在每个人心里的地位会有不同。

任何一个人的皮肤如果不加以养护都会日渐走下坡路，18岁的时候如果不养护会有青春痘、痤疮，28岁的时候不养护会有皱纹、变得粗糙，38岁不养护会有色斑、暗沉的风险，48岁不养护会有老年斑、光老化的色素性问题，所以对于皮肤的养护不是一朝一夕的事情，而是经年累月要做的事情。如同打理一块草坪，如果精于呵护，那么草坪就会好看又平整，如果既不除草又不浇灌，很快草坪就会变得杂草丛生，甚至过早荒芜、失去生命力。反之，如果平时精于护理，皮肤则会回馈给你年轻与活力，不但让别人看起来赏心悦目，自己照镜子也会增加自信。

如果一个女人天生拥有完美的好身材和姣好的面庞，这足以让其他女人羡慕嫉妒了，如果她恰是皮肤好到发光，那么这个女人除去依靠先天而生的幸运外，更重要的是后天的维护和保养才能保持这种肤白貌美的好状态。就像人们调侃的那样：日本的女人靠化妆，韩国的女人靠整容，中国的女人靠美图秀秀。舍不得花钱保养自己，却舍得花钱大吃大喝买iphone8自拍，并用美图秀秀美颜！这是骗自己呢？还是骗手机呢？

每个女人都爱美，都不希望自己看起来很老，保养跟不保养的区别非常大。当你因为爱惜自己的皮肤、保养自己的皮肤，使年龄增加而"面子"问题不增加的时候，你就有了不一样收获。当你领着孩子上学时别人还以为你是孩子的姐姐的时候，你心里能不乐开了花？

所以，重视自己的"面子"工程，重视自己最重要的"皮相"，我们可能无法拥有那万里挑一的有趣的灵魂，但也一定要在庸常的普通人中使好皮肤为自己加分而脱颖而出。

除了保养皮肤之外，还要对化妆进行一番研究，化妆不仅仅是为了美，还能对抗环境中紫外线、风尘等的伤害。在家里，要把自己打扮成美美的家庭主妇，在职场更是如此。要让自己看起来不那么疲倦，化一个精致的妆容来让自己拥有好脸色。为了自己能拥有长远的美好形象，请一定从你的时间表里给自己的容颜挤出几分钟，时间是把杀猪刀还是美容刀，全靠自己如何去应对。学会养护自己的皮肤，才有可能越活越年轻、漂亮。

CHAPTER1:
"美"出来的外在形象

◎提升时尚品位，注重修饰

一个人的品味不仅仅体现在服装、仪态和皮肤这些大的方面，还体现在另外一些小细节方面。就像一个房间既要有完美的整体的装修风格也要有精美的小的装饰一样，女人要提升时尚品位，不能忘了在一些小的方面下功夫。可以修饰的地方如头发、指甲、香水的使用以及配饰的装点。

首先是头发的打理问题。很多人都有过体验：洗洗头发吹个发型，人自然会显得格外有精神，哪怕原本是很普通的脸也会看上去精致起来。反之，如果头发扁塌油腻再有头皮屑，无论多好的颜值也会因为这一头让人不忍直视的发质而大打折扣。所以，时刻保持秀发的清新是一个不能忽略的细节。无论是及腰长发还是干练短发，既要配合体型、脸型设计，又要注重头发的颜色和状态；是打算留长顺的直发，还是俏皮的卷发，是自信干练的职业发型还是青春活力的暖妹发型，这些都是女生要学习的。脸型皮肤是美丽的第一要素，但是当你和别人处于同等颜值的情况下，发型的加分绝对不容小觑。甚至在颜值略微落后的情况下，只要发型整得好，也会显得时尚大方！

颜好+柔顺秀发=真女神，颜好+毛糙枯发=女神未满，在成为女神的路上，发质好气质才好。拥有一头美丽的秀发，同样的年纪，她可能比你看着年轻好几岁。美的要素不仅仅是皮肤、身材，头发的作用对于变美来说更是不能忽视。

头发的情况能准确地反映出身体状况、反映人的生活状态。在生活中压力增大、得不到充足的休息、心情不好、饮食习惯不健康等都有可能出现毛发干枯、分叉、毛躁的情况，严重的甚至脱发，这些都会在头发上进行体现。只有保持健康的生活状态，对头发进行充分的保养和护理，才会让头发清爽柔顺，焕发青春活力，为美丽加分。

其次是指甲的修饰。有句话说：看一个女人精致不精致，不要看她是否化着美丽的妆，也不要看她是否穿着时尚的服装，而要看她光脚的时候脚后跟是否有老泥，光着手的时候手指甲里是否有尘垢。细节决定成功，在美丽和精致方面更是如此，诸如指甲这样的小细节绝不能小瞧，一点点小的不足就可以让本来的美丽大打折扣。另外，据心理学家研究分析，判断一个人过得好不好，指甲里藏着的秘密就是依据。如果我们看见一个人哪怕素颜布衣，伸出双手如果有着白皙修长的手指、干净的指甲，无形中就会让人心生好感。反之，看到一双粗糙的手，指甲坑坑洼洼，甚至指甲缝里还有积存的污垢，那么无论这个人脸多么精致，都会让人对其的美丽产生怀疑。所以平时要重视自己的指甲，无论从事什么职业，都要把指甲修整干净，长有长的美好，短有短的干净，伸出一双手让人看不到问题才是真正的精致。

再次，闻香识女人。香水是一种身份的辨识，电影《闻香识女人》中，弗兰克中校仅靠闻香水味就能识别女士的魅力和气质，包括对方的身高、发色乃至眼睛的颜色，让人感受到香水赋予女人的独特魅力。Coco Chanel 女士说过这么一句话：一个不会用香水的女人是没有未来的。在她眼中，香水是提升女性魅力指数的秘密武器。香水就是女人的名片，闻香识女人说得一点不假。

怎么使用香水是个学问。每个人气质不同及使用香水的场合的不同，使用的香水也要有所差别。另外，要使用"签名香水"，就是说，你用的香水不管是什么品牌或价位的，要让人们通过香味认出你。你的香水就代表你身上独有的味道。

最后，包包和配饰。无论是"包治百病"，还是"饰品就是女人身边的男人"，这样的说法无疑给我们传达了一个理念：配饰对于女人非常重要。对于女人来说，穿戴搭配不仅是"穿"衣服，"佩戴"饰品也是更锦上添花的。每一件首饰，每一个包包都是个人风格的体现。相较于时装，配饰更像是女人的小心思，不经意间流露出女人独特的魅力和气息。

配饰搭配、穿戴有讲究，搭配好了既时尚又洋气，搭配不好显得很俗气，所以女人除了穿衣搭配、美容化妆，配饰也是至关重要的。

女人不管穿得多么华贵，妆容多么精致，都需要饰品来装扮。饰品是让我们变得更加美丽的点缀，就好比红花与绿叶的完美搭配，爱美的佳人们怎么可以忽视了它的重要性呢？

无论是普通的聚会，还是隆重的派对、酒会，一对漂亮的耳环、一条夺目的项链、一款精致的手链、一款与服装身份相搭的包包、一条简约又不简单的丝巾都能使你成为人群中的焦点。

漂亮又搭配得当的饰品会使你在举手投足之间散发无穷魅力，是帮助女性无论在什么场合都能业致出众的重要工具，有时一条普通的裙子搭配了一个别致的项链，瞬间就变得格外亮丽。一套隆重的礼服如果搭配一对柔美的耳环，更让整体搭配得精致得到体现。

现代的女性已经向多方面的风格挑战，相信每个年龄阶段的女性都有着许多令自己闪闪发光的饰品吧，因为好的饰品总是那么吸引人们的目光，令人买完一个看到喜欢的又忍不住买另一个。

无论是哪一种饰品,想要衬托出女性的美感,就要与女人的整体形象风格巧妙地匹配。女人的美离不开生活和岁月的沉淀,但女人的美也需要外在的一些事物增色,配饰正是这些外在的事物。

CHAPTER1:
"美"出来的外在形象

◎黄脸婆不是经历岁月的女人的代名词

在传统观念中,中国女人总是一副"勤俭持家、任劳任怨"的形象,人们甚至把好女人标准定位在这之上。但是,随着人们认知水平的提升以及女性地位渐渐提高,好女人的标准已经改变了。勤俭、操劳早已是黄脸婆的象征,而"70后"的新女性却以"败家"为荣,能够做到岁月流逝,越来越美。

如何才能"岁月从不败美人"呢?不仅仅要靠外在保养,还要从心理上调适,相由心生。一个身心愉悦的人,往往外显的状态就是红光满面神采奕奕的。相反,一个心理不健康、常怀愁绪的人往往眉头紧锁,面容枯黄。比如《红楼梦》中的林黛玉就是典型的代表,虽然很美很清高,但却是一种病殃殃的状态,英年早逝。

五官是父母给的,眼大眼小,是高鼻子还是阔腮我们都没有办法去选择,但神态、面相如何是自己能够把握的。就像可可·香奈儿说的:"20岁的面容是与生俱来的,30岁的面容是生活塑造的,40岁的面容是我们自己要塑造的。"你的脸就是你生活的样子,就算用再多的高科技和再高超的化妆技术维持,也难掩眼神里的落寞以及神色的黯淡,所以,从内心做一个爱自己、爱生活的人,先从心理变得美丽才能有面相的美丽,才能不做岁月催逼下的"黄脸婆"。

一个人内在心理的改变也会让相貌发生变化,这是潜移默化的自我重塑，是知识、智慧和修养作用的结果。以内养外，内外兼养才是我们追求的目标。

记得看过一期节目，记者采访王菲时问道："请问你对岁月有什么看法呢？"

王菲说："滑倒太多次了。"

"是说你的事业坎坷吗？"

"我是说岁月在我脸上老滑倒，留不下痕迹。"可见，内在心态强大的女人更有底气，比如王菲，能够自信而骄傲地说出，岁月在我身上留不下痕迹。看着她逆生长、越来越有魅力，撕下了年龄的标签，抓住了灿烂的黄金期，做回了最美的自己，可以说是人生赢家了。

最近，一位七十岁奶奶练出马甲线的新闻被很多人点赞。这位奶奶叫陈继芳，为了改善体质，不顾高龄的现实把自己逼进了健身房，直腿硬拉、热浪战绳、站立举壶铃等等玩得认真又专业。这位不惧年龄的奶奶站在央视《越战越勇》的舞台上，借助健脾轮锻炼体能的片段刷新了人们对于"衰老"的认知。真正的变老绝不是年龄的增长，不是岁月的流逝，而是心态不再年轻。很多网友看着70岁奶奶面相像50岁、身材像30岁的时候不禁感慨这样的奶奶才是真正的"逆生长"，她满头银发却是红润童颜。真正应了那句"没有人永远年轻，但永远有人年轻"，这其中最大的不同就在于心态的不同。

所以，每个人都不要把黄脸婆当成经历岁月的女人的代名词，不被年龄定义才更有活力。

每个人的容貌都是凝固的表情，而表情是凝固的心情，所以有着怎样的心情就会有怎样的面貌。正如有的人常常有许多愁事，整天担心、焦虑、发愁，自然就会长成一张苦脸，也就是我们常说的愁眉苦脸。有的人因为经历过许多变故甚至灾难，对周围、他人乃至整个世界充满不信任，眉宇间就会有许多警惕和恐惧、紧张和害怕，久而久之就长成一张紧皱的脸。

对自己的容貌负责就是对自己的心负责，凡事不往坏处想，做积极向上的人；心光明，外表就会越来越好看。

◎女人年龄+，美丽也要+

女人最不喜欢别人提及的问题是年龄。还有一句很伤女性的话"男人四十一枝花，女人四十豆腐渣"，年龄的增长是许多女性的心头大患，尤其是很多过了三十岁的女性会觉得自己"老了"，无论是对于外形还是心理都渐渐变得没有底气。

其实，年龄增长对于女性来说既是一种威胁又是一种资本，关键看女性如何看待这个问题。

有人说三十岁是初老的开始，当然这是一种普遍认知，但30岁也是一个人的过度与提升，仅仅三十而已！代表一个女生终于不再是幼稚无知、荷包扁扁、处于总是被男人骗的智障岁月，而是对人生有了自己的感悟与认知，也有了赚钱的能力，更主要的是在心智上真正意义上与别人平等与自由。三十岁的容颜是爹妈给的，三十岁以后的容颜是自己给的，自己能带给自己的与培养的包括金钱能矫饰的外表、精气神、气场与人相处的态度、眼神、姿态和神韵。归结起来，也就是一个人优雅的气质。

三十岁的女人，就是那红白相间的玫瑰，刺是用来自我防卫。三十岁的女人是人间九月，不冷不热地温和，褪去青涩，轻熟了。她们更懂爱与取舍、包容与自我消化。

CHAPTER1:
"美"出来的外在形象

30岁之后，女人会向两个方向分化：一部分人日渐枯黄，被生活所累、工作所绊，尤其当了妈妈的女性更是分身乏术，这是大部分人的状态；一部分人反而气质愈来愈佳，愈发美丽动人，一些优秀女性都属于后者。她们一般30~40岁，工作已经渐入佳境，内心非常稳定，举止言谈充满魅力。

前者变老是因为心态老了，后者越活越丰盈是精神年轻。一个女人魅力的养成不在于是待在家里相夫教子还是做一个职业女性在职场打拼。而在于，无论干什么都可以让自己学会管理自己，管理家庭和自己的生活，在这个过程中你才会变得更加美丽。比如，懂得健康饮食，坚持规律的作息和运动，提升内涵等等。

王尔德说："我们都生活在沟渠里，却有人仰望星空。"对于年龄渐长的女人来讲，似乎美丽之花已经盛开到尽头快要凋谢，已经忘记年轻时候仰望星空时看到的闪闪发光的梦想，只能无谓而麻木地在人生昏暗的沟渠里挣扎。

事实上，变老并不可怕，可怕的是今日复明日地变老，不愿意出门看看，不肯做出改变，不接受新鲜事物。

真正让女人保持魅力的，并不是年龄，也不是美貌，而是成长，岁月给我们最好的礼物就是魅力，并且在每一个年龄段，岁月都会赠予我们一份珍贵的礼物，有心的人自然会收到。

年龄增长对于每个人都很公平，但是有的人会把年龄活成迷，会借助走过的人生沉淀更多的阅历与见识，把自己的触角伸向各个角落，看看世界，多多阅人，让年龄带着自己见世面，增长见识。

人变老是从自己惧怕年龄那刻一开始的。女人年龄+，美丽也要+，事业的进取心，外表的风情万种，内心的成熟淡定，外在的自信气质都是美丽成熟意味有钱，有青春，有自信，有欲望，有梦想，有爱，有张扬的热力、精力、活力、魅力，年龄算什么呢？

◎眼中有笑，心中有爱

我认为，称女子赏心悦目，容颜姣好身段婀娜只是一部分，更多的美是微笑的脸庞和眼中充满对生活怀有希望的光泽。而呈附这种状态往往是由于她心中有爱。一个心中有爱的人才会热爱生活，爱自己，爱周围的人，才能活得不纠结，才能发自内心对生活微笑。

笑，是一个人心底愉悦的外显表现，而这种愉悦可以传递给周围的人，让每个看到的人也不由跟着快乐起来。世上有些女人似乎生来不知愁，她们勤勉工作、操持家务、生儿育女，似乎随时随地过得很快活。她们走路轻快，说话爽朗，给人无穷活力，体现出的美好的样子也是"眼中有光，脸上有笑"。

人一旦沮丧便会抱怨生活，抱怨爱人。而女人变丑一定是从抱怨开始的，一定是忘记了怎么让自己快乐起来。

女性要给自己一把衡量事情轻重缓急的尺子，否则便会像小仓鼠一样，不停蹬着笼子转，疲于奔命。家务再重要，重不过陪伴孩子。工作再急迫也要记得跟爱人出外共进一顿浪漫的晚餐。女人，永远要记住，"非做不可的事情"不能太多。

做快乐女人还要学会调整生活，学会与家人相处。我们往往在浑然不觉会犯下错误，把最好的态度给了陌生人，却把最差的耐心和情绪带给家人。

学会做一个快乐的女人，用积极的心态面对身边的小事。闲暇时种花养草，听听音乐，看看书，逛逛街，梳理散乱的心绪。疲乏了出去走走，让大自然的美景平抑内心的躁动，消融心中的不快。无论多忙，记得睡够美容觉。感到烦恼时，找知心朋友聊聊排解不良情绪。以好心情好容颜投入工作，才能轻松和充满激情。

当一个女人脸上有光，眼中有笑，心中有温暖和爱的时候，她就会自带一种美好和谐的气场，她们既能取悦自己又能影响别人。

Chapter2:

CHAPTER2：
"学"出来的内在芬芳

** 洁儿语录 **

少年时一定要接近知识渊博的人，才会有丰富的学识。你接近了谁才决定你是谁。如果青春不拿来点爆，那么此生也很难燃烧。平静之中没有理想只剩绝望，高处所在才是方向。

◎格局：人没格局比没钱更可怕

所谓格局，是指一个人的眼界、胸襟、胆识等心理要素的内在布局，最终影响其行为处世的方式和看待事物的眼光和角度。举个形象的例子，你如果站在一楼，听到别人骂你你可能会觉得不爽并报之以同样的行为来解决，你如果站在十楼，即使别人在骂你你也许都听不到，或者以为别人在向你打招呼。然后会报之微笑或者也向对方打个招呼以回应。这充分说明，人若没有高度，看到的全是问题；人若没有格局，看到的全是鸡毛蒜皮。

格局是一个人的眼界和心胸、情商和智商、修养和品格等的综合体现。拥有格局的女人，会在普通中变得不普通，在平凡中变得不平凡，哪怕生活就是普通又平凡的，却又能让自己在平凡烟火色中过得活色生香。

有格局的女人就是大气上档次的人，不会因为小事而斤斤计较，不会因为不痛快而怨声载道，她们既有光芒又能收敛锋芒，既不轻易被别人所伤也不轻易伤人，表现出来的状态就是既有能力又有水平，既优雅又具备智慧。

现实生活中，我们可以看到许多有格局、有智慧的女性：

比如被誉为"商界铁娘子"的董明珠，在看似为男人所支配的商界闯荡出了一片天地，又能在教育孩子时担当一个智慧母亲的角色。既能与别人约赌又能为了品牌宣传亲自上阵直播。

比如被称为"行走的百科全书"的知性优雅主持人董卿，收获了名与利之后选择隐退充实自己，然后带着强大的气场回归，无论是主持《中华诗词大会》还是制片并主持《朗读者》，呈现给观众的是满腹书香气，一身诗书气的状态。

比如被称为"国民好媳妇"的演员刘涛，在嫁与富有的丈夫后选择相夫教子，息影全身心投入家庭。又在丈夫遭遇挫折时挺身而出坚强面对，靠着自己的实力频繁接戏，带着丈夫和整个家庭渡过难关，成为最大气的女人，能屈能伸，为爱放得下也拿得起。

比如被称为"最会写科幻小说"的《哈利波特》一书的作者罗琳，曾靠失业救济金过活的单亲妈妈，却凭着自己的努力与梦想笔耕不辍，成了身价过亿的富婆。从一个连房租都无法负担的单身母亲到畅销书榜首作者，她不但凭着自己的力量拯救了自己和家庭，还为全世界点亮了科幻和想象的灯。

她们都是拥有格局的女性代表，她们的优秀不止一面，她们也经历过人生的低谷，但能够坦然面对。她们也都走在人生的高峰，她们亦能轻松驾驭。成功的人通常靠的都是格局，小格局小成功，大格局大成功，没有格局不成功。如果再缺失格局，那就不仅仅是不能成功的问题，还可能会给自己和别人带来灾难。

比如，网络上人神共愤的"重庆公交坠江"事故，就是因为一个女人错过了一站而对公交司机谩骂加动手导致司机操作方向盘失控，公交车坠入江里导致全车15人无一人生还。试想，如果事故中的始作俑者错过了站默默在下一站下车，而不是把愤怒撒在司机身上，如果她只是说两句而不是发生肢体冲突，那么，一切会不会变得不一样？她仅仅是错过了一站，却导致全车人陪着她一起错过了一生，再也没有机会等到下一站。这就是一个没有格局、没有智慧的人害了自己也害了大家的典型事例。

无论是名人还是普通人，想要生活得好，想要成功，想要有魅力，首先要放大格局，让自己变成一个有格局的人。

拥有大格局者：有开阔的心胸，不会因环境的不利而妄自菲薄，更不会因为能力的不足而自暴自弃。拥有小格局者：往往会因为生活的不如意而怨天尤人，因为一点小的挫折就一筹莫展，看待问题的时候常常是一叶障目不见泰山。这种人成为碌碌无为的人。

做女人智商高不高没关系，情商高不高也不要紧，但做女人的格局一定要大，说白了，你可以不聪明，也可以不懂交际，但一定要大气。如果一点点挫折就让你爬不起来，如果一两句坏话就让你不能释怀，如果动不动就讨厌人、憎恨人，凡事不能够站在别人的立场上想只顾自己那点小心事，格局就太小了。

CHAPTER2:
"学"出来的内在芬芳

◎才情：腹有诗书气自华

网上曾有一个很火的讨论的话题是："不阅读和有阅读习惯的女人，气质有区别吗？"

很多人参与了讨论并留下了自己的观点，有些人认为有区别，有些人认为没区别，但大部分人的观点认为阅读与不阅读的人短期内看不出什么大的区别，而三年、五年后区别就渐渐会显出来。因为内在才情的不同，导致生活的方式，看待事物的价值观，阅人的眼光和处世的心态的不同，而使得人的气质也会由于阅读或不阅读而有很大的区别。

一个人气质的形成有多种途径，舞蹈家、演员、模特的气质，而读书培养气质虽然不像跳舞和演员那样直接和明显，但这种方式却优于其他的方式，读书多对任何一个工作和领域都有帮助。学舞蹈和演员、模特之类的人如果肯阅读，对舞蹈和表演的理解就会更深刻，诠释出来的角色也会更饱满，学到的是"术"，而相关阅读中学来的则是"道"。正是阅读才让人"腹有诗书气自华"，哪怕只是一个普通人，没有舞蹈的功底，没有演员和模特的背景，只要肯阅读都会给自己多一丝"书卷气"。

所谓书卷气，是饱读诗书后形成的一种高雅的气质和风度，是良好素质的体现。一位学者在谈及学习和修养时说:"人要有点儿书卷气。"书卷气来自书卷,得益于人孜孜不倦地阅读。人通过读书,在幽幽书香潜移默化的熏陶下,浊俗可以变为清雅,奢华可以变为淡泊,促狭可以变为开阔,偏激可以变为平和。把读书誉为"生命的美容"一点不夸张。拥有了书卷气便消除了傲气、激愤气、粗俗气、卑微气、小市民气;拥有了书卷气便增加了静气、秀气、灵气、高贵气、泱泱大气。

作家三毛说:"书读得多了,容颜自然改变。许多时候,自己可能以为许多看过的书籍都成了过眼云烟,不复记忆,其实它们仍潜在个人的气质里、在谈吐举止投足间、在胸襟的无涯深处,当然也可能显露在生活和文字中。"

董卿曾在一个节目中说:"我始终相信我读过的书都不会白读,它总会在未来某个日子的某一个场合帮助我表现得更出色,读书是可以给人以力量的,它更能给人快乐。"

著名女作家毕淑敏说:"日子一天一天地走,书要一页一页地读。清风朗月水滴石穿,一年几年一辈子地读下去。书就像微波,从内到外震荡着我们的心,徐徐地加热,精神分子的结构就改变了、成熟了,书的效力就凸显出来了。"

所以,想让自己拥有才情,除了学习本专业的知识之外,在平时还要养成阅读的习惯。读书可以说是最容易获得的通向高贵的方式,通过阅读别人的心思和经历的文字让自己有所感悟。大多数时候,我们会在某个故事里对号入座,仿佛自己也经历其中,找到自我,然后恍然大悟,思绪也豁然开朗了。

在现实生活中,大部分人很注重形象,很在意自己的穿着打扮以便给别人留下好印象,但读书之美在于你如果开口说话一定与不读书的人大不相同,姣好的容颜与时尚的穿着的确会给人留下不错的第一印象,但徒有其表、腹内空空，气质也会大打折扣。反过来，如果一个人长相并不出众，穿着也很普通，但如果一开口说话让人感觉很有才情，那这也是一种知性的美。学问改变气质，读书是培养气质的捷径、永葆青春的源泉。

　　读书又是不分年龄和不划界限的，年年岁岁都是女人读书的最佳年龄，我们从现在开始也不迟！读书的女人永远有一份不过时的美丽。腹有诗书气自华，女子有才便是德，它们应该是每个女生牢记和借鉴的座右铭。

◎文化：塑造心灵的维他命

著名作家梁晓声用四句话概括了"文化"的意义：真正的文化是植根于内心的修养、无需提醒的自觉、以约束为前提的自由和为别人着想的善良。

有文化的人不仅个人素质和修养高，对新事物的接受能力强，对自我的认知更准确，待人处事更得体，说话更有内涵，哪怕是严厉吐槽也别具一格。同时，文化也会让人产生智慧与能力。所以说，文化是塑造一个人心灵的维他命。

法制宣传教育讲过一个案例：有一个不务正业的男子，每年开着租来的豪车，戴着高仿的首饰，诈骗了很多妇女。被骗的人多数是既被骗色又被骗财，最后人财两空不得不选择报警求助。其实骗子的手段并不高明，只是在网上和女性聊天，说自己的身世显赫，家世背景非常雄厚，等聊熟了就会约见面，用自己租来的豪车显示自己有钱，等到约会以后女性多数被他的"多金"吸引，成了情侣以后该骗子就会找女方借钱，然后拿自己的首饰给女方做质押，接着就消失了。最后女方发现钱被骗了，鉴定首饰是假的。当然，最后这个骗子落入了法网。但是这个案例却让很多人思考，被骗的女性不在少数，多数都是没有多少文化的人，但凡有文化和常识的人都能发现骗子行骗的端倪，不会让自己中招。所以，女生平时都应该多看书，多学知识，让自己多长见识和文化，才能慧眼识骗。可以说，文化和知识也是女性行走江湖的防身武器。

女性对于智慧文化的拥有和追求应该要大于对外貌的追求。因为外貌会随着时间的流逝而改变，而智慧和文化却会随着岁月的流逝而沉淀下来。

有个作家去见朋友，遇到了朋友漂亮的女儿，他夸赞小女孩"你真漂亮，穿着这个百褶裙太可爱了。"朋友私下里却对他说："你不该称赞她漂亮，你应该问问她最近读了什么书。"作家朋友还给他作了这样的解释：现在，15岁以下的女孩携带睫毛膏、眼线笔和唇膏的人数占比已经达到20%。她们为了让自己的身材看上去更苗条，节食减肥、饮食失调，但她们的自尊水平反而降低了。不仅如此，25%的年轻女性更愿意赢得模特大赛冠军，而不是获得诺贝尔奖。就连女大学生都说她宁愿性感，而不是拥有智慧。如果暗示小女孩们外表是她们第一要注意的事，那么你就是在告诉她们外表比其它任何事情都重要。

事实上，真正重要的是让女性的内心成长起来，因为智慧和文化而让其变得理性而强大，要比仅仅注重容貌的美重要得多。

这个社会并没有为女性准备一个万事都能依靠别人的捷径，作为小公主被宠爱长大的女孩子最终都要面对自己的生活、婚姻、人生挑战。女性自身不够强大如何能笑对人生？女性只有通过不断修行，让自己变得有智慧才能在生活中胜任妻子、母亲的角色，才能在活好的同时教育好孩子。

杨绛先生的《一百岁感言》可谓字字珠玑，发人深省，她说："一个人经过不同程度的锻炼，就获得不同程度的修养、不同程度的效益。好比香料，捣得愈碎，磨得愈细，香得愈浓烈。年轻时曾那么渴望命运的波澜，到老了才发现人生最曼妙的风景，不是外在的花花草草，山川河谷，而是内心经过洗涤后的淡定与从容……我们曾如此渴望获得外界的认可或赞誉,到头来才真正懂得:世界是自己的,与他人毫无关系。

这份内心的洗涤来自知识文化,有了文化的熏陶才让我们变得淡定与从容,才能让我们在这个复杂的世界简单而美好地活着。

CHAPTER2:
"学"出来的内在芬芳

◎品位：与众不同的自我标签

什么是品位呢？应该是一种与众不同的自我定位。经常听到人们说"某某穿着有品位，吃东西有品位，用的东西有品位，为人处事有品位。"可见，品位体现在一个人生活的方方面面。往大了说，品位可以归纳为形象的展示、气质的突显、内在财富的体现，儒雅崇高抑或优雅美丽。往小了说，品位是穿着得体让人觉得舒服，是把房间收得整整齐齐让人愉悦，是朴素的书房里一束鲜花散发芳香，是明亮的客厅里悬挂一幅悠然恬淡的画，是待人接物时让人信赖和放心。

品位表现在很多方面，也体现在很多细节里。

比如，穿着时尚是一种品位，生活富有情趣是一种品位，喜欢美食是一种品位。品位是无法否认的现实存在，不仅体现在外在衣着、容貌、职业、用餐、休闲方式、言谈举止上，也不仅仅是有多少钱。品位是一系列细微事物的组合，很难说清楚，但正是这些细微事物上的品质确立了一个人生活的全部，形成了一个人自己独有的标签和特色。

真正的品位是一种格调与气质，无论走到哪里这种气质都很容易被识别。在电影《肖申克的救赎》中，男主角原是银行家，因受不白之冤入狱，但他与狱中其他狱友截然不同，他与别人的喜好不同，为人世处的方式不同，开玩笑、讲话的状态不同，兴趣爱好也不同。他在建立的图书馆窗台上雕刻许多小人，那是他非常钟爱的事情，帮监狱长解决继承税的问题，给每个狱友争取一瓶啤酒，让每个狱友在干活的楼顶喝着酒享受那短暂但珍贵的"自由"时光。电影成为经典，男主人公也成为了一个"有品位的人"的典型代表。

生活中我们如何修炼自己的品位呢？

比如，吃饭时认真吃。不管是吃泡饭咸菜，还是白葡萄酒鹅肝，都把它当成自己亲手做出来的，细品滋味，然后真诚地表达出来。睡觉时好好睡，选自己舒服的睡姿和卧具。睡舒服了，睡安稳了。选一些自己看着顺眼的画挂着欣赏。找一些自己喜欢的曲子聆听。找一些自己喜欢的书品读。尝试做一些自己以前没做过的新鲜事，觉得喜欢的就继续做。慢慢从平静自然、真诚喜乐的做事状态中渐渐找到属于自己的品位。

有很多人认为品位与钱有关，似乎优雅的生活如打高尔夫，听音乐会，弹钢琴，写书法、绘画等有钱人才能办得到。只有先赚到了钱才能提高品位，有的人甚至直接把有钱的生活与有品位的生活混为一谈。事实上，有没有品位有时跟钱的关系真的不是很大。

有一对夫妻靠着做生意发了财，有钱以后的生活真正实现了"喝豆浆一碗加白糖一碗加红糖，喝一碗倒一碗"的境界。但周围的人都说他们很俗气，无论从穿着打扮还是居家饮食都"不上档次"。他们不甘心，决定进入富人风雅的圈子里去露露脸。有天，他们去参加一个文化沙龙，为了表现自己的富贵，两人都穿得珠光宝气出现在聚会上，与那种高雅的艺术氛围格格不入，并且还闹出了大笑话。聚会上，有人讲起了名画的水平和欣赏价值，大家都微微点头赞许，这对夫妻看到大家都听得入迷，就问，莫奈是谁，画得这么好，我们何不把他请到现场来？那位富太太很认真地说："能不能告诉

CHAPTER2:
"学"出来的内在芬芳

我这位画家住在哪儿,电话号码多少,他这么厉害,我可得结交一下这个朋友。"……所以说,粗俗的人即使有钱也只能买到豪华的装饰物,骨子里还是庸俗不堪。

"品位"并非一天就能拥有的,也绝对无法被轻易仿效,它需要一个人长时间沉浸在美好事物中,日复一日地揣摩、品位、思考、探究,除去杂质的美缓缓沉淀到性格的最深处,从日常最微小的事情去做,提升自己,有一天,你会发现自己一举手一投足不知道什么时候开始充满了不经意流露的优雅气质。

◎心智：自己对了，世界就对了

作家萨克雷曾说："生活就是一面镜子，你笑，它也笑；你哭，它也哭。"每个人的心就是一面镜子，有的人感觉幸福、快乐、知足平和，有的人却是觉得生活难捱，忧心忡忡，这都是由于每个人心智不同造成的，自己的心智对了这个世界就不拧巴了。

比如，对于工作或生活不顺心这件事情，心智不成熟的人不愿意直面，他不愿意去看一看自己究竟对什么感到不开心，不愿意更具体地去思考情绪的来源、情绪的过程、情绪的解决方法。只是想快速给情绪找一个责任方。这时，我们就可以说，她的心智不够成熟。心智成熟的人会更关注内在的因素，而不是外求。

有一位女士每天下班的时候都要跟同事抱怨"工作累了一天，还得回家做饭，真是很烦"。同样的事情，另一个女士则认为"感谢一天的工作结束了，这样我就可以放松心情为家人准备一顿可口的饭菜了。"

同样一件事，前者的心没有打开，看到了辛苦；后者的心打开了，把能为家人服务视为一种快乐。

我们每个人的"心"决定我们的生活方向，决定生命的品质，并且能够带领我们看透世俗，了悟生死。同样的心，封闭起来就封闭了美好，只有打开，才能有源源不断的能量涌进来。

乔布斯热衷打坐禅修，稻盛和夫喜欢独自静坐追求禅定境界，马云在做决策之前常常闭关、禁语。这些人对禅修如此痴迷，往往能在这种静静冥想的状态中找到自己的心，能够与自己的心对话。找到自己心智最强大的地方和最脆弱的地方，然后有针对性地调和，去检视。把心境处理好了，再对一件事做决定。

张德芬说过，外面没有别人，只有我们自己。所以，释迦牟尼告诫我们，不要有改变别人的想法，要把一切力量聚焦在自己身上。

一个人对世界的认知建立在自己的见闻、感受、认知与体会上。

比如，对于同一个工作，甲认为公司充满了办公室政治，同事互相勾心斗角非常难相处，在这里工作是煎熬；乙则认为这样的公司充满了挑战，自己能够在不同的交际关系中锻炼自己的沟通能力和与人交往的能力，这里是个好地方。

再比如，有人认为互联网时代信息泛滥大量时间被碎片化知识占据。而有的人却认为，互联网时代是一个人求知最好的时代，无处不在的信息让人坐在屋里能知天下事；有的人住在80平方米的房子里总觉得太小，跟朋友说起也是认为自己房子很小。而朋友却说自己还住在平房里，觉得只要有个60平方米的楼房就很知足。

可见，世界就是人的"心"，理解了这一点，我们想要了解这个世界、了解别人，与这个世界与"我"之外的其他人良好互动，就要发现自己的心，然后努力去提升和修炼。心好处处好，心不动外境则不动。

有一句话叫：祸福自招，命由心造。为什么这么说呢？举个例子，假如一个人整天一副全天下都是欠他的样子，处处看不顺眼，凡事计较抱怨，那么他的人际关系一定不和谐，人际关系不好的人情绪也好不到哪里去，日久天长要么没有朋友，要么失去健康。

命由心造就更好理解了，好心者好命，心宽者路宽。比如，那些真正的修行大德们，他们无非修的是自己的"心"而已。他们追求一种无条件的自由，让外界的一切事物不再扰浊其心，最后达到解脱，用智慧来观照世界。对于普通人也是同样的道理，如果能够发现自己的心，遇到事情的时候就能多一种看问题的角度，不会钻牛角尖，也不会归责于别人，久而久之会形成一种强大的气场，这种气场就会改变一个人的命运。

心智对了，行为自然也会正，会向善，会利他，会慈悲。当心邪恶的时候，就会被各种欲望所控制，人也就变得魔性了，行为上也会变得不再利他，而更多的是损人利己。这样又怎么能够好命呢？

所以，时时检视自己的内心，让心智变得强大美好，世界也就会跟着美好起来。

CHAPTER2:
"学"出来的内在芬芳

◎兴趣：用爱好熏染独特气息

武侠小说或电影里的那些让观众最喜欢的角色往往是上通天文、下知地理的能人异士，而且他们大多擅乐器、精棋艺或药理，浑身闪耀与散发着谜一样的光环与魅力。生活中也是如此，那些兴趣爱好广泛，拿起笔会画，拿起乐器会弹，听着音乐能舞一段的人就显得非常有魅力。如果女性拥有自己的兴趣爱好，就会像在庸常的世界之外开创了一个独属于自己的小宇宙，自己在这个小宇宙里熠熠生辉。

21世纪，最辛苦的也是我们女人，但最幸福、最自由的也是我们女人，因为摒弃传统旧观念，女人终于撑起了半边天，可以做自己想做的事，可以放肆地让自己疯、让自己不拘小节、让自己使劲去美。可以任由自己去做自己喜欢的事，建立起自己的兴趣爱好，甚至有很多人还能凭自己的兴趣爱好闯出一片不一样的天地。比如红遍世界的美食达人李子柒因为喜欢做饭，通过拍摄美食视频，不但实现了年收入过亿，而且把中国文化元素传播到了全世界，也让人们见识了她的美丽与能干，她形成了自我独特的个人气韵。

培养兴趣爱好之于女人并不是一件难事，带着玩一玩的心态去做一些自己擅长并喜欢的事就是兴趣。就像三毛说的：我的人生观是任何事情都是玩，不过玩要玩得高明，譬如说，画画是一种，种菜是一种，种花是一种，做丈夫是一种，做妻子也是一种，做父母更是一种，人生就是一个游戏，但要把它当真的来玩，是很有趣的。做人要有爱好，有爱好的人才能找到生活中的乐趣，女人更应该在繁杂的琐碎中找到自己的爱好，发挥自己的特长，做个可爱而有趣的女人。

作为新时代女性，幸福要多元化，不能只固定于感情一个方面，也不能固守着工作一个方面，越是把注意力集中在一个点上，往往越容易发现问题和放大问题。女人关注的点越多，心情就越放松，幸福感就越强，人就越容易满足……女人可以在家庭生活、个人感情、工作职场之外拥有一点点属于自己的兴趣爱好。可以插花，可以学习茶艺，可以跳舞，可以画画，可以写书法可以唱歌，总之让自己活得多元一些，生活才会表现出更多可爱的面。

摩西奶奶，普通的农场女工，生育了10个孩子，几乎一生都在为家庭琐碎操劳，77岁才正式开始绘画。80岁时在纽约举办个展，引起轰动。100岁时，她亲笔回信给正在迷茫犹豫是否要放弃稳定工作从事写作的日本作家渡边淳一，并对他说："做你喜欢做的事，哪怕你现在已经80岁了。"

露西·里尔，一个纯粹的陶艺家、她一生都只专注于一件事——陶艺。1925年在维也纳正式成立自己的陶艺工作室，一步步成为顶级陶艺家。她的专注、坚持甚至浸润到了生活中：跟友人聚会一次只约见一人。如她所说，见一人才能专注于谈话。她的为人，她的作品，看似静水深流但都每每有异常澎湃的感染力。她说："所有的一切都无需被附加太多，那些陶碗们如此，生活也如此。"

生活中，闲暇时光中我们大部分人都没事刷手机，发视频，追剧，甚至变成各种买买买的剁手族，很少有人能够潜下心来发展一个爱好，像美术、音乐抑或是文学方面的有利于精神变得丰盈的爱好，买买买不是不可以，只是在各种买的行为之后，花钱时的爽感并维持不了太久，拆快递一刹那的快感，弥补不了钱包瘪瘪时的焦虑，物质给人的满足只能维持几天甚至几个小时，之后便是漫长的空虚，只能买更多的东西来满足自己欲渐疯长的欲望，这样的爱好并不能让自己有所收获，精神上一样得不到满足，培养一场爱好对于女人来说却有着特殊的意义。

当我们发现自己的兴趣爱好并将专注与坚持的心放在兴趣爱好上的时候，在排遣了无聊和空虚的同时，还拥有了与众不同的气质与魅力。

◎美学：女性一生的必修课

美学变成了一门既时尚又流行的学问，无论是艺术的美还是普通生活的美，无论是从事艺术的人还是普通的人，如果不懂美学，不具备美商，则会缺少一双发现美的眼睛。那么体现在生活中就会显得不懂美、不会美，不但发现不了身边的美还不知道自己该如何去美。

美有无数种状态，存在于不同的领域。

美是自然，是大漠孤烟直的苍茫，是月缺月圆时的想象，是山林曦照、是云卷云舒、是草长莺飞、是大雁南飞、是小桥流水、是大江奔腾……

美是状态，是采菊东篱下的南山的闲适，是仰望一片天空时一只飞鸟的从容，是静品茶香、是挥毫泼墨、是安享当下……

美是思想，是悲天悯人的情怀，是尊重所有生命的良善，是不人云亦云的真诚，是敢作敢为的担当……

美，可以包括所有无形有形的事物，也包括不同的感知和感受，每个事物美得层次分明，每个人的理解各有不同，每个人感受到的美也不一样。

是什么造成人们理解和感受的美的不同，水平有高低呢？是美学素养的缺乏，是审美能力的缺乏。

每个人的审美能力由个体、历史、文化等多个因素作用形成，所以对美的理解会有不同。审美能力的高低体现在很多方面。比如，在穿着打扮上，我们经常看到有的人穿一身笔挺的西装，却配了一个十分不搭的运动鞋，这样的搭配就不会有美感。

比如，在城市建筑方面，有审美能力的设计师往往把城市建设得如诗如画，无论从色彩的搭配上还是建筑物的风格上，都会追求与当地的地理风貌和环境相配，而不是一味加高加宽像搭积木一样，只求多而不求美。日本对美学的设计很讲究，不但街道整齐干净，整个城市居民穿着打扮都有自己的风格，街道的招牌、店面都很素雅。

比如，在家装风格方面，有审美能力的人会把自己的房子装修成田园风格或某种风格，整体追求简单、时尚、大方。而不是花花绿绿，大红大紫，显得十分俗气。

如果缺乏美学的素养，那么就会缺少发现美的能力。美的感受力不是天生的，接受过美的教育之人会提升自己的审美能力；反之，没有经过美育培养的心灵则不然，随着生命的不断发展会渐渐关闭"审美"的通道。所以，美学素养的提升是女性一生的必修课。女性应该在具备情商和智商的同时，具备美商。

具备了美商人的会明白把自己打扮得干干净净是美，不给别人添麻烦是美，坚韧自律是美，居住整洁拥有扫除力是美，这种美会与生活品质乃至人生格局相关，那么等到他（她）步入社会以后，不管是在职场还是交友、择偶、生活等方面都会比其他人更有优势。据不完全统计，有90%的美商拥有者能够获得令人羡慕的收入和社会地位。美商和精英的身份总是如影随形，具有美商的人更容易成为精英，精英中绝大部分人也都拥着有较高的美商。

美商不但能让人学会与周围的世界和善相处，也能使人在待人接物等方面胜人一筹；美商是一个人对外在美的把控能力，不是美的堆砌，而是美的均衡搭配。美商也是在情商和智商的基础上使一个人趋于完美的因素，它也能使个人能力也更加完善。

不是每个女性都将成为专业的艺术家，但是，每个孩子都需要艺术的滋养、美的熏陶，体验种种丰富、奇妙、难以言说的美妙感觉，最终获得身心的舒展和心灵的美好，成为一个告别粗俗的人。

CHAPTER2:
"学"出来的内在芬芳

◎见识：要么读万卷书，要么行万里路

一个人长见识的途径无非是通过读书和旅行。读书是向内，通往精神世界；旅行是向外，探索天地万物。就像那句耳熟能详的话说的，读书和旅游总有一个在路上。要让自己有见识，想么读万卷书，要么行万里路。

同样是人，有的人让人感觉有趣、有内涵，有的人让人感觉浅薄无趣，是什么造成这样的差异呢？除了人与人性格不同之外，还有更大的一个原因是见识的不同。个人的层次和见识决定了他（她）所看到的生活是什么样的。层次越高，视野越广，心胸也越豁达。

一个女人的见识，既不单指见闻，也不限于知识。但它肯定是从学习知识、增长见闻起步的。见识，是对客观事物的一种综合认识、理解和判断，它的背后是眼光、见解、思维方式、分析能力，包含对过去历史经验的总结和应用。有见识的人会有自己看世界的眼光，会尽可能多地认识世界，见识宽广辽远，明晰自己在这个世界上的相对位置。有自信、有勇气，在身陷险恶之境、遭受不好的体验时，既能够明了恶的存在，也不失去感知善的能力，有崇尚善的信念，有坚持善的勇敢。因此，见识来自知识的积累，最后形成自我的信念，转化成最终看待事物以及生活的认识。

生命是个几何体,健康决定生命的长度,眼界决定生命的宽度,对文明的理解则决定生命的深度。每一次旅行都是一次修行,是一次洗礼。生命在旅途中增加了长度,增加了宽度,改变了深度,旅行是生命最好的加持。旅行让人谦卑,地球之大,永远有着与你截然不同的人和事,有你曾经没看到过的美好与和谐。见的世面广了,认识别人的同时也能认识自己,不会把自己局限在小格局里,不再愤世嫉俗,与人为敌。

一个女人,不管有钱没钱,不管年轻或衰老,一定要抽出时间去旅行。旅行对女人来说,不只是玩耍,而是一场让自己活得更好的修行。如果女人总是围着孩子、老公、家务和工作转,那么当你劳累时,挥之不去的依然是由锅碗瓢盆、喧闹声组成的日子;如果你见过日照雪山、遍地牛羊的草原、落霞里的古镇,那么当你难过时,你便能记起大自然的壮美和生命的辽阔。

旅行就像一扇窗,能帮你打开一个更大的世界,而一个见过世面的女人会更懂得如何去对待这个世界,她面对任何事都会比旁人多一分从容。

现实生活中,见多识广的人往往自带光环。她们因为眼界宽广,对人性、人生有深刻理解,所以总是非常善解人意,性格宽容、随和,举手投足间流露出一种让人舒服的大气。我们要成为这样的人,其实并没有多难。所需要做的就是尽可能地去开阔眼界,然后将收集到的信息内化,从而形成有价值的信息。当你因为眼界的改变做出了一些对自我有所突破的事情时,你的格局也会在不知不觉中改变。也只有身体力行,眼界与格局才会改变,让你向着成功大步迈进。

一个人的气质里藏着他(她)读过的书和走过的路,一个人的见识里藏着他(她)所经历过的人和事,而往往有见识的人又能找到通往气质的另一条路。

CHAPTER2:
"学"出来的内在芬芳

◎气场：形成属于自己的吸引力

　　人和人之间存在一种法则，这个法则是人们凭自身的能量来吸引和感召彼此。你是什么样的人，就会遇见什么样的人。如果你是一个积极、乐观、向上的人，就会吸引来更多的好运、贵人和机遇。如果你是一个消极、悲观、颓废的人，就会给自己招来失败，不幸，甚至是厄运。这种法则也被称为个人气场，气场强大，打造的能量、引力就强，反之气场弱打造的能量、引力就弱。

　　吸引力法则也是在强调我们生命本源的东西，如果我们内心总是恐惧与担心，那么很多事情在这种恐惧与担心中就会不断强化。当你愿意相信美好的时候，你的内心也会吸引更好的东西来到你的身边。我们如果想让自己成为一个有福气的人，请首先在自己生命的潜意识中根植美好的事物在里面、以此来打造自己的气场，形成属于自己的正向能量引力。

　　女人有气场不是霸道和强势，而是一股可以吸引他人、充盈在内心的淡定与从容，一种即使什么都没有却似乎什么都不缺少的富足感。一个女人如果没有气场，即使外貌再漂亮，穿衣打扮再时尚，也无法赢得长久的关注，也无法吸引同频的人。有些人会被不良事物缠身，那是因为他（她）本身就有某些不良倾向。反之，有些人总是让人感觉做事和生活顺风顺水，那是因为他（她）本身就做得很好。

我们对其他人所产生的感觉，以及我们的情感、情绪、做事的方式方法，其实都直接反映了我们自身的性格、个性和人格。我们对他人的感觉恰恰反映出了我们对他们的态度和心态。如果我们总是觉得别人爱怀疑、不信任人、好眼红嫉妒，那只能说明我们自身性格中有这些缺点。

当我们希望自己拥有完美的个性，能将自己所期待的人和事吸引到自己身边来，就必须根除自己天性中那些令人反感的东西，培养自己的爱的能力和乐于助人的品质。如果你仔细分析一下某个极富人格魅力的人，就会发现，他（她）身上一定有一种和善、宽厚的天性，并非那种小肚鸡肠之人，而是一个目光长远、宽宏大量之人。自私自利、心胸狭隘、刻薄小气，尤其是好嫉妒眼红他人的人是永远也不会有吸引力的，能够给人带来吸引力的品质是那些惹人喜爱的品质。

爱是美好个性中最基本的要素。想要获得朋友，想要在不同的关系中赢得别人的心，就必须让自己成为一块爱的磁石。必须让周围的人感觉到友好、友善、充满爱的态度。如果你所表现出的是苛刻、狭隘、小气、自私，那么，你绝不可能得到爱的回报。所以，一个人只有付出才会有回报。你所给予爱、友善及热心越是慷慨，就会有更多的爱作为回报来到你身边。

我们身上必然具有某种品质，正是这种品质将我们希望得到的东西吸引而来，它们绝不会不请自来。所以说，一个消极的人绝不会吸引到积极的东西，来到他（她）身边的一切事物必然是消极的和负面的。因为他身上不具备吸引积极、正面事物的品质，所以，那些积极正面的东西是不会找到他（她）的。

一个女人内心美，性格美，待人接物美，便可以散发出美丽动人的气场，即使容貌不出挑，其他人也会被她性格的魅力所折服。一个女人的内心才是决定一个女人魅力的关键所在。

CHAPTER2:
"学"出来的内在芬芳

◎仪式：把房子住成家

什么是仪式感呢？最简单的理解就是一种用心生活的态度。仪式感对普通人来说也许就是在日常生活的烦恼之外体验到一点点甜，让他们感觉到原来自己也是在认真的活着，而不是苍白度日。

关于仪式感，《小王子》的故事中有过一段很贴切的描述：小王子在驯养狐狸后的第二天又去看望它。"你每天最好在相同的时间来，"狐狸说，"比如说，你下午四点钟来，那么从三点钟起，我就开始感到幸福。时间越临近，我就越感到幸福。到了四点钟的时候，我就会坐立不安，我就会发现幸福的代价。但是，如果你随便什么时候来，我就不知道在什么时候该准备好我的心情……应当有一定的仪式。"

"仪式是什么？"小王子问道。

"这也是经常被遗忘的事情。"狐狸说，"它使某一天与其他日子不同，使某一时刻与其它时刻不同。"

而女人尤其要注意生活的仪式感，因为仪式感对于我们有着十分重要的意义，那就是用认真有趣的态度去面对生活里看似无趣的小事，才能体悟到生命中的喜悦。很多女生外出把自己打扮得十分精致，但回到家以后则能懒即懒，能把豪宅住成出租屋。女生一定要把房子住成家的样子，那样才会让生活成为生活，而不是简单的生存。王小波说过：一个人只拥有此生此世是不够的，他还应该拥有诗意的世界。

生活需要仪式感，我们要想象自己是液态的。我们在流动中聚集能量。我们自己的风水来自心、口、行为和门面。我们需要从这些方面来营造适合自己的风水，营造属于自己的气场。而一屋不扫何以扫天下说的就是一个人要把房子住成家，要努力营造一种家的氛围。

我们看一个故事：

一位社区工作者和同事一起到偏远山区慰问，给贫困户送柴米油盐。他们走访一户又一户，大部分的人家都是脏兮兮黑乎乎的，他们不由得感慨他们真是贫困。直到走进一贫困户家中，发现这里窗明几净，挂着漂亮的窗帘门帘，有拖放整齐的书柜、还有供客人换的漂亮拖鞋……跟之前的贫困户家的景象完全不同，他们甚至怀疑自己走错了，如此精致的环境和其他家庭格格不入。经了解后得知，女主人早年死了丈夫，两个孩子其中一个身患残疾，女主人靠打零工养活三口人，贫困程度可想而知。仔细观察，发现漂亮的窗帘门帘并非买来的，而是女主人用彩页的报纸做的；书柜里堆放整齐的图书也是孩子们的教科书；灶间的调味品只有酱油和盐，但瓶子却擦得发亮、光洁如新；供客人换的拖鞋的鞋底是磨秃了的解放鞋底，上面是用旧毛线织的有图案色彩的鞋帮……

这个故事说明了什么呢？人无论贫富都能把生活过得富有诗意，都能把生活过得具有仪式感，把生活过得诗意美好本身就是一种品位的彰显。

无论是住在小而逼仄的平房里，还是住在宽大舒适的楼房里，甚至住在奢华美丽的别墅里，房子只是房子，只有用美好的心把房子变成家，才是真正的生活。

哈佛商学院有一条研究发现：家居环境整洁的人，往往更成功更幸福；

而生活环境凌乱肮脏的人，通常是不幸的。这种现象从某种意义上说明了，一个人的居住环境就是自身生活的折射，反映了他的生活状态。

什么样的人能把房子住成家的感觉？是那些有审美力，有动手力，热爱生活的人，是不管生活怎样对他们，他们都决心要好好生活的人。这样的人似乎表面上只是在花精力维护着居住环境，其实他们是在塑造自己的内心感受。

把房子住成家的女人是"可畏"又可敬的，因为她们有着由外而内的精致。

◎感性＋理性：活出高级感

一般来说，社会价值观约定俗成地表明，男性偏理性，女性偏感性。男女总是存在着个体差异，才会让这个世界多姿多彩，与异性相互吸引。但一个女孩子如果仅仅只有感性显然不够，一个人想活得通透洒脱，需要感性和理性兼备。

在工作中需要用感性的一面来处理人情世故，但遇到对自己没有意义的事情也能选择理性放弃；

在生活中需要用感性的一面来享受生活中的诗意和美好，但也需要理性来面对柴米油盐的生活本质；

在与相爱的人意见相左的时候需要表现感性的一面来表达温柔，但遇到矛盾的时候又需要用理性去克制自己，温柔的时候很会可爱，但失去理性的时候会不能蛮不讲理；

女人在这个世界上生存很多时候不需要像男人那样靠力量去竞争，所以拥有感性的思维能够走得更远，但也需要用理性的思维维护自己的领地不受侵犯，需要敞开理性的心去接纳与宽容。

女人拥有理性，更多的表现为尊重事实，掌控、主张、解决问题、计划未来的思维能力，通过这种思维去影响别人。一个人的这种能力更多地体现在

CHAPTER2:
"学"出来的内在芬芳

职场上，或用来解决问题；拥有感性的思维，体现为灵动和共情，是联想、温柔、包容的能力，更多体现在人际关系的处理上，在亲密关系中体现得更多，用来维持两个人适度的距离。

没有纯粹感性的女人，也没有纯粹理性的女人；感性和理性是女人面对自己和世界的两种状态；悦纳自己，守护自己，活出自己，为了生命的莹润和丰盈，为了生命的流动和生机，活出女人样！

所以，女性的感性很可爱，但真正面对人生的重大选择、真正关键的节点时，女性还是多些理性的好。只有把感性和理性并重去修炼和提升，才能活出真正的高级感。

◎沟通：好关系离不开"言值"

每个人都有两副面孔，不开口讲话的时候展现给别人的是五官形成的容颜，开口讲话则会让人感受到另外一副"面孔"——语言传达出的形象。通过人的容貌体态，一眼就可以辨认出美丑，但心灵的长相如何则要通过观察其言行才可得知。人们常说"言为心声"就是这个意思。所以，人的两副面孔，也可称之为颜值和言值。

言值，我们可以理解为言语和见解所具备的价值，简单直白的意思就是一个人会说，说出来的话别人愿意听，并且所讲的话对沟通有帮助，对听者也有帮助、有效。言值本质上是一个人思想的外显、心灵的名片、品格的标签，更是一种力量，这种力量不但能化解误会，还是一个人综合素质的体现。

据统计，普通人除去每天正常睡眠的八小时，我们一天仅有 960 分钟，期间平均每人每天说 7000 个词。讲话占用了一个人很多时间，这期间讲了多少废话，讲了多少良言？有多少问题是通过沟通得以解决的，又有多么矛盾是经由语言引发出来的？所以，想要建立顺畅的关系，一定不能忽略语言的力量和价值。让自己的语言值钱，女性必须去修炼自己的"言值"。

很多人都觉得，女人有了美丽的外表就会比别人多了一张通行证，然而，如果一个美女虽然长相美丽但言谈粗鄙、素养低下，美丽也会打了折扣。相反，如果一个女人可能没有太出众的外貌，凭借着自己的妙语连珠却可能成为所有人关注的焦点，为自己增添人格魅力。就像学诚法师说的那样，你嘴里的人生就是你的人生；好好说话，就是改变命运。一个人是否能够赢得别人的关注，赢得成功，为自己的命运助力，就在于说话是否得体。而对于女人而言，拥有美丽的颜值是上天的厚爱，而拥有好的沟通"言值"则需要后天的修炼。

语言是上帝赐予人类最高的奖赏。因为有了语言，人类才有了真正的思考，人与人之间也才有了真正的交流。正如法国作家莫里哀所说："语言是赐予人类表达思想的工具。"一个人从生下来的牙牙学语到最后比较熟练地掌握和运用语言，有一个不断学习、积累、提高的过程。言值的提升本质上是思想的提升，思想的提升会积蓄改变人生的力量。

比如董卿，虽然颜值不是特别出众，然而无论是《中国诗词大会》——信手拈来解读诗词还是在《朗读者》上的妙语连珠，都让人看到了一个女人言值过人所显现的魅力。

女性在生活中扮演许多角色，既是家庭幸福的缔造者，又是教育孩子的领路者；既是职场一把手，又是生活社交的多面手，正是因为这多重的角色扮演形成了很多种关系。女性既要维护好与家人的关系，又要维护好与领导、同事的关系，这考验的就是个人的口才和沟通能力。如果思想好、言值高，那么说出来的话会让人感觉重要或有用，无形中增添很多个人魅力，会也使得各种关系更加融洽。

与人交往往往始于颜值，陷于言值。你越会说话，别人就会越快乐；别人越快乐，你就越受欢迎；你越受欢迎，得到的帮助也就越多，而你也会更加快乐。所以，无论你是多么颜值在线的女生，依然要重视自己的言语是否有力量；在你的人生里，比你的颜值更重要的是你的言值。

◎专注：真正变强的高手品质

有很多正能量的词，比如坚强，努力，积极，进取，相比这些有时需要外部来推动的能量，有一个词更值得我们去研究和实践，那就是"专注"。专注代表一种内部的动力，不为外界所动，心甘情愿沉浸其中坚持，甚至是享受。原因无他，只是我们对于我们认真和专注去做的事情是发自真心的喜欢。当然，这个过程不谓不苦，不谓不孤独，但正因为是发自于内心，才会让你甘心于苦中作乐，按照既定的节奏和方向持续走下去。

专注是所有高手都具备的品质，能够在所爱之处做到极致，成功自然水到渠成。有人说："上天给了你无限的机会，却只给你有限的时间、精力和才华，所以越是优秀，越要专注。"想做成一件事，就要把所有的精力都集中在这件事上，把它做得越强越好。这是你未来成功的基础。我们这一生的时间和精力都有限，我们不可能在有限的时间和精力里把所有的事都做好，但一定能把一件事做好，乃至做到极致。如果你认真去观察，你会发现，在现实生活中，不管是哪一行的高手都是非常专注的人，他们把时间和精力专注于某一领域，不断深耕，不断精进，进而成为这领域的专家，乃至大师。如果你也想成为一名真正的高手，你就要培养自己专注的能力，专注于一事，用一生去做好

CHAPTER2:
"学"出来的内在芬芳

它。毕淑敏说:"一个人将全部身心安置在最好的状态才能化成一缕柔纱,才能与这千疮百孔的世界温暖相拥。"是的,一个女人什么时候最美,一定是她专注的时候。

我们都知道"一万小时定律",如果在自己擅长的领域的努力未达到一万小时,那么,也只能是成绩平平。所以要在自己感兴趣的领域专注认真,努力把事情做到极致,成功就会水到渠成。

有一个女摄影师,她从上大学的时候就迷恋摄影,当别的同学下课了以后逛街或窝在宿舍里打游戏的时候,她一个人泡在图书馆翻阅与摄影相关的著作,总是一看一天,笔记做了满满几大本。她遇到任何一次外出摄影的机会都不放过,最初没有多少钱买不起昂贵的摄影器材,她省吃俭用,把本应用在化妆品和服装的钱省下来投资在摄影课的学习上,一年一年地积累,直到有一天她的作品被环球地理杂志评为最富原生态的摄影作品。她凭着自己多年对摄影的热爱和专注于这一领域的决心成了一名真正的摄影大品。她在接受记者采访的时候讲了自己曾经的一个片段,她为了拍摄水边黑天鹅的照片,趴在草丛里一动不动,镜头"咔嚓"了数千下,身上也被蚊子叮咬了无数个包。正是她这种认真、专注于自己的所爱的精神让她走向了自己喜欢的人生。

作为女性,拥有专注与认真,不去凑合,习惯优秀的生命会与众不同。与众不同的东西,往往制造的过程是一遍又一遍的重复,虽然枯燥,却可以让你过上自己想要的生活。你有多专注,你就有多优秀,你也就有多自由。

Chapter3:

CHAPTER3：
"修"出来的风格和品性

** 洁儿语录 **

主动克服恐惧，而不是逃避。

打破习惯，换种方式去做事。

试着爱上不安的感觉。

不断尝试新事物。

这个过程也许很难，但只有坚持下去，我们才能够看到自己更大的潜力。

◎温和是女人的软实力

温柔一词出自《管子·弟子职》：见善从之，闻义则服，温柔孝悌，毋骄恃力！是指性情温和，最初不仅是指女人，而是指所有的人，在漫长岁月的演变中，温柔渐渐变成了女人的专属词语。

在所有性格中，平和温暖型的性格应该算是最有魅力的。平和温暖的人往往是有力量、有权威的人。在生活中，真正强大的人并非张牙舞爪，往往会表现得异常平静、平和。拥有这样性格的人，既能够自省，又能够凡事多站在别人的立场上考虑问题。另外，往往越是温和的人越是有成就的人。比如，杨绛先生被钱钟书赞誉为"最贤的妻、最才的女"，她在《回忆我的母亲》中写道：我妈妈忠厚老实，绝不敏捷。如果受了欺辱，她往往并不感觉，事后才明白，"哦，她在笑我"，"哦，她在骂我"。但是她从不计较，不久都忘了。她心胸宽大，不念旧恶，所以能和任何人都和好相处，一辈子没一个冤家。

历史上那些让男人死心塌地爱着的女人，多数是温和大气的人。项羽作为一个能争善战的人，脾气刚烈、性情暴躁，却能在温柔如水的虞姬身边服服帖帖，并且对虞姬始终专一。虞姬除了具备了女人的美丽之外，更大的特点是温柔，她以女人独有的温和给予项羽鼓励和安慰，让项羽心有栖居之处。

还有一本书叫《温柔就是能够对抗世间所有的坚硬》，书中写道："一滴水，多么柔弱啊。然而水的力量，谁敢小觑？它们雕刻了山峦，凿通了石壁，摧枯拉朽地一泻千里，裹挟万物。"万物至柔不过水，然滴水可穿石，太极拳里讲"借力打力，四两拨千斤，以柔克刚、以静制动"。这些无一不说明温柔的力量是何其强大。

有位女作家说的好："昂首阔步、趾高气扬的人比比皆是，然而有资格骄傲而不骄傲的人才是真正的高贵。"一个有着极强的工作能力或者是权高位重的女人，一般她的外表都会显现看一种特有的女强人的干练，但往往这样的女人更会温和对待别人，显现出女人独有的魅力和内涵。她待人时不会以钱财多少、学问高低论尊卑，不会在不如自己的人面前摆架子、显傲态，更不会因为自己拥有某种资本而看低周围的人。

做人做事，还是要以温和柔弱谦下处之，这样才符合事物发展规律。以坚硬的东西来抵御坚硬的东西，不是折断就是破碎；以温和柔软的东西抵御坚硬的东西，柔弱的也不会败倒，坚硬的也不会受到损害。"柔"中的韧劲可以在不显山露水中，悄悄把事情解决，如春雨滋润万物一样，用"温和"处理问题，把矛盾的摩擦降低到最小。"温和"，是在正确认识自己实力的基础之上体现出的低调平和，是默默积蓄力量的一种状态。心态柔和下来，心中的渣滓就能剔除，心便可包容万物。

当一个人具备了"温和与柔软"的内心力量，外在就会体现爱心、同理心等等这些高尚的心里，而这些品质才能真正让一个人拥有力量和饱满的生命力。

所以，作为一个女性，保证自己情绪的平和，待人接物的温和是对家庭、对孩子爱人，以及对自己最好的方式。同时"温和"的状态也是对自己的嘉奖，一个人如果能让自己的情绪始终保持平和，非佛即道，面对外面的纷扰世界时能够保持自己如如不动的心，不受别人所困扰，是最大的能力和境界。

CHAPTER3:
"修"出来的风格和品性

◎越谦逊层次越高

有人把美好的德行比喻成"水",水有利于万物而不与万物相争,甘愿居于人们所讨厌的低洼之处,所以这是一种"低调与谦逊"。品德高尚的人,选择像水一样避高就低,心胸像水一样广阔,讲话做事信守承诺,处事像水一样无所不能,行动像水一样善于随时应变。像水那样与世无争,与万物无争,所以也就没有怨咎。

水向下流才有包容之状态,而人学习水的品格即谦逊,人越谦逊层次越高。谦逊的人做事很低调,不喜欢张扬,即使很有本事或具备强大的人格魅力也很少外显。

在"感动中国"的节目中,有一位叫刘盛兰的老人,20年来,他几乎未尝过肉味,却将拾荒得来的10多万元人民币慷慨捐给了全国各地100多个贫困学子,自己每年的生活支出不过千元。其事迹传遍大江南北,令无数人由衷感动。这位老人把所有积蓄都捐了出去,多年来节衣缩食,穿的衣服、鞋子都是捡来的,吃的菜也是从菜市场里捡来的。虽然别人都认为他"干的是积德行善的事,过的是乞丐一样的生活",但刘盛兰自己却感觉非常心安。

老人的这种行为就是"品质谦逊"最真实的写照,他用自己的双手拣拾起别人的希望,自己却甘愿拾荒,过最苦的日子,20年来默默无闻,不正是

"像水一样低调做人，像山一样高调做事"的典范吗？

真正有涵养和有智慧的人说话都是很谨慎的，表现在待人接物上也很谦逊而有理，恰恰是内在浅薄的人反而会清高，看不起人或做事，喜欢显摆自己。

京剧大师梅兰芳在出演《杀惜》之时赢得观众的大量喝彩和鼓掌声，但这其中有一位衣着朴素的老人却大声喊道："不好，不好。"梅兰芳被老人喝倒彩以后并没有恼怒，也没有选择不予理会。在演出结束以后还没来得及卸妆就急急去台下找到这位老人，并用专车送老人回家，一路上对其恭恭敬敬奉为上宾，并跟其讨教："先生说我不好，一定是高人，必有高见，请先生不吝赐教，学生一定有则改之。"老者看他既有敬意，又有诚意，便对他说："在刚才那部戏里，主角上楼和下楼的台步按梨园规定，应是上七下八，你为何却演成八上八下？"梅兰芳听了恍然大悟，连连道谢。从那以后，每次梅兰芳演出的时候，都要请老人去评点，并把他尊称为"老师"。

董卿在主持《开学第一课》的时候，面对翻译家许渊冲老先生，三分钟台上采访时她都采取了半跪姿势与老人保持平视，带着崇拜又尊敬的眼神向老人提问。她的一举一动，既体现出对老知识分子和中国文化的尊重，同时也充分体现了优雅、谦卑、有涵养的中国女性风范。这一幕的行为是对尊师敬长这一中华传统美德最生动鲜活的言传身教，这才是真正的开学第一课！层次越高的人，越有修养。董卿的个人修养其实源自于她深厚的文化底蕴。

可见，越是层次高的人表现出来的状态越谦逊，反过来，越是谦逊也会使得自己越有层次。就像有句话说的那样："我以为别人对我谦逊是因为我很优秀，慢慢地我明白了，别人对我谦逊，是因为他们见多识广；见多识广的人更懂得尊重别人，恭敬其实是在使自己庄严。"

CHAPTER3:
"修"出来的风格和品性

◎讲诚信：行走世界的通行证

对于诚信，有很多名言警句，如："人而无信，不知其可也。""一言既出，驷马难追。""人无信不立，鸟无翅不飞。"有着悠久、深厚的历史底蕴的属于中华民族文化精髓的诚信是一切的根基，是行走全世界的通行证。持有这张通行证，无论贫贱富贵，无论顺境逆境，都会得到他人、社会的尊重，都会不知不觉中拓展自己的人生高度、深度和广度，都会在以诚待人、以诚做事中收获人脉、财富！

在之前信息相对闭塞的时代，一个人不诚信，换一个地方可能别人并不容易知晓，所以诚信的问题很多人并不十分在意。随着互联网的发展，信息共享越来越广泛，无论身在何处的不良记录都可能被记录并且被公示，会被扩散开来，最后使其变得寸步难行。国家政策也在引导信用的管理和监督，失信的人会被拉进征信黑名单，不但会被广而告之，还会由于征信问题在使自己失去很多便利的同时，带来很多不便。尤其随着全民认可信用，信用呼唤越来越强烈，未来的社会生活的人群会被分为两大类——信用好的和信用差的。

诚信，关乎每一个人的方方面面，往小了说，说话算话信守承诺是诚信，不爽约不违约坚持原则是诚信；往大了说，与债权人打交道，按约定的日期还钱是诚信，跟亲戚朋友打金钱交道、好借好还是诚信。诚信可以给一个人带来财富，也能给一个人带来机会。有时候诚信本身就是财富。

有的人在有困难的时候心急火燎找别人借钱，信誓旦旦向别人承诺还款期限内还款，甚至打借条，怎样都行。别人好心同时也是信任他，把钱借给他了，帮他解了燃眉之急后，他却不着急还钱了。即使他有还钱的能力，也不想着赶紧给别人把钱还上，而是先紧着自己花，完全忘了自己借钱时许下的诺言。别人催的时候，他又一脸不高兴，觉得对方不信任他，心眼太小。这样的人信用价值就会越来越低，人品也不会被人看好，这样又如何建立人脉呢？没有人脉哪有发展呢？所以，人没信用等于丢掉了自己的财富。

诚信体现一个人的借贷能力、支付能力、人脉建立的能力，也就是人们常说的，你的信用值多少钱你就能借到多少钱；你有多诚信你的人脉就有多广阔。

一个人可能开始的时候没有雄厚的实力来积累和打造自己的财富和事业，但是如果拥有诚信就会赢得别人的信任，慢慢就能够积累起自己的财富和人脉；反之，即使一个人开始有一些财富积累，如果没有信用，也会使人敬而远之，时间久长就会寸步难行。

CHAPTER3:
"修"出来的风格和品性

◎有爱有慈悲，扩大自我格局

爱与慈悲是一体两面，有爱的人同时就会具有慈悲，反之，心中无爱也不可能生出慈悲。

爱很好理解，就是爱自己、爱家人、爱周围的人，而慈悲是什么呢？比如，如果我们作为普通人，拥有慈悲心的话，对自己的亲人或父母能做到希望他们快乐幸福，对于陌生人我们也能希望他们快乐幸福。

当一个人能够对别人产生感同身受的关怀与希望对方好的时候，就是慈悲心升起来的时候。如果一个人对穷人能够产生同情，对富人则存在仇富心理，这样就是不具备慈悲心；如果一个人对孩子能够给予很多关爱，对老人则表现出不耐烦不关爱，这样就是不具备慈悲心；如果一个人对自己熟悉和亲近的人关怀和理解，对陌生的人却表现出冷漠甚至无情，这样也不具备慈悲心。对生了病或残疾的人能够给予更多的同情，而对健康的人则无法表现出同情，这样也是不具备慈悲心。

慈悲心是一视同仁的平等心，当我们能够视一切平等的时候，就不会把自己放在高高在上的位置上，就能理解大自然中的一草一木皆有情，认为生活中的每一个人都值得被尊重和关爱，就像那句话说的"慈悲没有敌人"，如果你还能看到让自己不满的东西，有看不惯的人，有敌人甚至仇人，那么就证明自己还缺乏慈悲心。事实上，对别人的任何情绪与分别，都是自然显现的，都是自己的心的体现。好的感觉就是自己的心好，坏的感觉就是自己的心不太好，把自己的心调整好了，就可以无分别地，平等地对待外在的一切。

慈悲心起，会帮助人，最后得到的结果是利他等于利己。当我们帮助他人的时候，付出爱和努力，就播下了善的种子。这不仅能使他人获得利益，同时也能使我们完善自己的道德，升华自己的人格。

一个人具备了爱与慈悲之心，就会变得平和豁达，不会钻牛角尖，也能够换位思考、产生同理心。这样的人总是站在对方的角度去考虑问题，为对方着想。被别人冒犯时，情绪也不容易走极端。他们能容人，能谅人，内心常常处于安宁的状态。这样于人于己都是一件非常幸福的。

我们作为普通人，如果没有慈悲心，对于自己的亲人包括父母也许能做到希望他们快乐幸福，但如果稍微离我们远一点的人，或者陌生人我们就很难做到诚心实意希望别人快乐幸福。

CHAPTER3:
"修"出来的风格和品性

◎大度宽容，不计较鸡毛蒜皮的事

生活中似乎全是一些鸡零狗碎、鸡毛蒜皮小事，往往正是这些小事让人们疲于应付，陷于其中感觉十分痛苦。而真正修炼一颗强大的内心，则是要用大度宽容的态度来应对这些小事，不去斤斤计较。如果能做到用责人之心责己，用恕己之心恕人，生活表现出来的往往是最可爱的一面。慧律法师讲过：人之所以烦恼，是因为每天一张嘴就说别人的是非，一睁眼就看别人的不对，从来没有看到自己的不足与错误。如果能用对待自己的心对待别人，世间就会少很多恩怨与纷争。就像有句话说的那样：你一脚踩扁了紫罗兰，而它却把香味留在你的脚跟上，这就是宽容。

宽容大度的人本身也是具备爱的能力的人。宽容和大度能给别人带来方便，也能给自己带来平和。这种平和是什么样的状态呢？是心灵能量的平稳输出和输入，中间没有起伏，更不会有跳闸和短路的现象。表现在外就是言语不起冲突，情绪不起波澜，气场是明亮而祥和的，让人感受到亲和力与吸引力。

人们总是陷入烦躁和焦虑中，是由于每个人都太在乎自己，觉得自己十分重要，如果不被生活善待，别人对自己不太友好，就会产生一种受伤的感觉。最终还是把自己看得太重要了，才会在意外在的一切，从而触动自己敏感的神经。有句话说得好，地低成海人低成王，把自己放低才能汇聚能量，才能拥有海纳百川的心胸。人至低则无敌，先把自己看轻，格局心胸才能放大，你的世界才能变大。

作为一个女性，如果做不到宽容大度，那么当扮演儿媳妇这个角色的时候，就不会站在婆婆的立场上看问题，有了矛盾会把过错推给对方；当自己扮演妻子这个角色的时候，就不会接纳丈夫的缺点，而是放大对方的缺点却不善于自省，导致婚姻不和谐；当自己扮演妈妈这个角色的时候，就不会给予孩子更多的爱与支持，却多了挑剔与责备；

反之，一个宽容大度的女人，她与公婆相处、丈夫相处、孩子相处，都会换位思考，与谁相处有了问题她会先用宽容大度的态度来面对，然后再去解决问题，往往大问题成了小问题，小问题变成没问题。

宽容所表现的正是一个人强大而良好的心理素质，使这个人能以大局为重，甚至对个人的暂时损失也不计较，这些是豁达大度的表现。拥有这种心理素质的人，一定是有魅力的人。

目中有人才有路，心中有爱才有度。一个人的宽容来自一颗善待他人的心。一个人的涵养来自一颗尊重他人的心。一个人的修为来自一颗和善的心。眼里容得下别人的人才能让人容得下他。懂得尊重别人的人才能得到别人的尊重。柔和待人的心态常伴自己则处处祥和。

CHAPTER3:
"修"出来的风格和品性

◎改变自己多过改变别人

网络上流行一句段子:改变自己是神,改变别人是神经病。而现实生活中往往能够当"神"的人不多,当"神经病"的不少。

在这个世界上,再也没有比改变人更难的事,尤其是按照自己的想法去改变别人更是难上加难。山可以被削平,海可以被填实,树可以挪个地方,房子可以从北移到南,自然界很多东西都被人改变或正在改变,但人作为自然界中最有头脑和思维的灵长类动物,无论是小孩还是老人,不论是男人还是女人,想要改变他们都非常困难。所以才有了"江山易改,本性难移"的说法。可是人又是十分有趣的动物,总试图去改变别人,统治者想改变老百姓,妻子想改变丈夫,父母想改变孩子,家长想改变老师……总之,大家都不厌其烦地想要改变别人,而鲜有人意识到改变别人是一件多么难办又多么糟糕的事情。就像前面我们讲的那句"改变自己是神,改变别人是神经病",只有改变自己才是重要的,也才是有意义的。而且当一个人能够改变自己的时候,往往具备强大的自我控制力,不会试图去用自己的想法强迫别人来接受,而是能够去适应别人。这既是一种智慧又是一种善良。

不去改变别人,并不意味着不做美好的建设,而是,更懂得给予别人时间和空间,体恤理解别人,尊重和宽容别人,不会试图左右别人。我们只有唤醒内心自我改变的动力，才有改变的可能，才有觉醒的可能。

作为一个女人，更要时时检视自己，是在默默改变自己还是竭力改变别人，对丈夫不要试图改变，对方是正确的要学会去欣赏，如果对方是错误的要接纳或理解，慢慢自己就变得强大了。有格局的女人往往知道如何在改变自己的同时影响对方，而不是因为对方没有按照自己的意愿行事而心生抱怨、横加指责；对孩子不要试图改变，孩子有自身的成长规律，他们需要妈妈用赏识的眼光、鼓励的话语来支持和帮助，而不需要妈妈打击和指责他们去改变。有能力的妈妈能够和孩子一起成长，做孩子好的榜样，而不是只想着改变孩子却不改变自己。

德国著名心理治疗师海灵格曾说："幸福的家庭都有一个共同点：家里没有控制欲很强的人。"

这种幸福的缔造者往往是女性，当一个家里的女主人是那种随性、随和的人，不控制、不强求，不改变别人的时候，家里的其他成员反而能够越来越好。女人的智慧多在影响别人，而不是要求别人。试图控制对方、改造对方，希望对方按照自己的标准和要求做事，不仅难以奏效，而且还会破坏婚姻的和谐与幸福。其实，从来就没有完全合拍的两个人，不管是夫妻，还是孩子、朋友，当我们试图以各种方式去改变他们，希望他们成为我们心目中的样子时，往往却发现最终都以失败收场。

真正有魅力的人会非常明白自己真正想要的是什么，知道自己想要的是什么样的生活，所有的心思都放在改正自己的错误、升华自己之上，心无旁骛地朝着目标前进。最后因为自己的成长和提升，带动了其他人改变，实现了"先改变自己，再让别人改变"的结果。

CHAPTER3:
"修"出来的风格和品性

◎保持上进,越努力越幸运

"越努力越幸运"这句话,看上去像励志鸡汤,实际上是真理。因为没有什么事情不是靠努力赢得的。没有躺赚的命运,除了努力别无选择。纵观那些在事业领域成功的人,都是靠自己的努力赢得的。

爱尔兰作家巴克莱说过:"幸福有三个不可或缺的因素,一是有希望,二是有事做,三是有人爱。"这需要我们不断践行和努力,才能具备幸福的要素。努力才有希望,努力才能避免无所事事,同样,努力才会有人爱。与其把时间花在无聊、没有意义的事情上,不如用来辛苦和努力,这世界绝不会辜负任何一个努力的人。你付出了一切,世界终将会还你一片精彩的天地。

不上进的人即使含着金汤匙出生,如果后期不努力也会将资本挥霍成空;反过来,有上进心的人,即使白手起家也会为自己挣下金山银山。作为女性,拥有上进心不但在事业上能有所建树,婚姻家庭方面也会由于自己的努力而打下坚定的基础。

上进的人也是内心强大、睿智和勤奋的人,她们往往更会得到社会的尊重与青睐。修炼增加智慧,智慧赢得财富,财富保证经济独立。婚前,经济独立能使你获得一份有质量的爱情;婚后,经济独立能令你获得和他人的平等地位和丈夫的爱与尊重以及一份长长久久的婚姻。

有两个女生是好闺蜜,从大学同窗到结婚时互相当伴娘,两人亲密无间。但嫁人以后却表现出明显的不同,第一个女孩嫁的人是自己的大学同学,对方一家小公司的普通职员卖收入仅够维持生活。但女孩从大学毕业以后就开始自己经营网店,从卖化妆品到服装最后卖母婴产品,由于自己的努力母婴产品店开了好多家连锁店,做得风生水起。后来由于她的努力她送丈夫出国深造两年,丈夫回来以后主要做乐器方面的事,也做得特别好。第二个女孩嫁了一个富二代,家资颇丰而且她从结婚选择怀孕生子以后一直做全职妈妈,家里条件好她不用上班。再后来,她每天的生活除了逛街就是约朋友出去玩儿,家里有保姆自己也不参与带孩子的事情。时间一长,丈夫心生不满对她也不像刚结婚的时候那么疼爱,两个人的距离也越拉越远,直到有一天丈夫在外面有了人,她哭着找到闺蜜求帮忙。

每个人都有自己的人生,往往谁都能看到开头却无法猜到结果。努力的人往往结局是美好的,不努力的人往往结局是惨淡的。

有这样一段描述女人的话:女人的美是流动的、易变的,长得漂亮是优势,活得漂亮才是本事。再美的容貌也如天空中那颗转瞬易逝的流星,刹那绚烂却无法长久留住。

所以一个真正有魅力的女性除了外表要美,还要保有一颗永不放弃前进的上进心,提升自己的内在气质,提升自己的学习能力,提升自己的赚钱能力,然后去过"又美又努力"的人生。

CHAPTER3:
"修"出来的风格和品性

◎女人越独立，活得越高级

新时代的女性除了要具备颜值、言值，要拥有情商、智商之外，更关键的是要有独立的意识。独立的状态能够使颜值和言值更高，能让情商和智商更有用处。独立不仅仅是一种能力，更是新时代女性都应该必备的素质。独立的女性对生活有更多话语权，无论是情感独立还是经济独立，都会直接影响人思想的独立，反过来思想的独立也能促进经济和情感的独立。

一个女人，不管长得多好看，多有才华，多有气质，只要当你把自己的幸福寄托在别人身上，这辈子就注定会患得患失。所以，作为女人，要拥有：独立的思想，独立的经济、独立的人格。

虽然现在有段子戏言"男人负责赚钱养家，女人负责貌美如花"，但这只能是戏言，女人经济独立很重要。琼瑶说：维持婚姻之道，是千万别为金钱吵架，经济独立是很重要的。丈夫并不是该养你的人，是该爱你的人。也许还有一部分女性认为，"嫁汉嫁汉穿衣吃饭。"这是以前，现实的社会中，经济压力倍增的快节奏生活中，女性更应该成为一个自给自足、能够赚钱养自己的人。男人负责挣钱养家，女人负责貌美如花的前提是，自己有能力让自己貌美如花，而不是巴望着别人给钱。

女人不想看别人的脸色生活，就要有自己独立挣钱的本事。靠男人生活，失望总会多过期望；靠自己生活，才能踏实而坚定。经济独立的女人才能有资格跟别人谈人格独立。如果一味依附男人，很容易把自己活成畏畏缩缩，患得患失的样子。

现实中有很多女性面对不幸福的婚姻不敢选择离婚，面对强势的男人不敢说不，面对自己想要的生活没有能力去争取，其实背后的根源都是因为自己"不够独立"。女性独立的最大意义是可以选择自己想要的一切。比如，当你带父母孩子去高档餐厅吃饭时，无须在意菜单背后的价格；当孩子到了上学年龄的时候，能够有能力带给孩子最好的教育；当父母生病，能带父母去最好的医院接受最佳的治疗；当隔壁邻居家的阿姨炫耀自己儿子多么优秀的时候，你的父母也能够底气十足地说我女儿也不差。更大的意义还在于，独立的女人不会闲得无聊、无事生非，也没有多余的时间在意别人。努力的结果是还能形成一种积极的榜样力量给孩子以示范，最终靠着努力得到的是获得幸福生活的底气和信心。

看到任何心爱的东西不用考虑任何人的阻扰而获得，一个独立的女孩也能证明自己内心强大、睿智和勤奋，她们往往更能得到男人的尊重与青睐。修炼增加智慧，智慧赢得财富，财富保证经济独立。

女性拥有独立的情感意识，她就会变得不再依附别人，会通过自己的努力去实现经济独立，一个人掌控了自己的财务与生活也就掌控了自己的命运，同时就会生出强大的思想独立意识。

所以，情感独立+经济独立+思想独立=女人一辈子的金饭碗，等于拥有了一副行走江湖的得力武器。

CHAPTER3:
"修"出来的风格和品性

◎能力上做加法,生活中做减法

魅力女人拥有三件东西:自信,勇气,智慧。同时,可以义无反顾扔掉三件东西:不爱的男人,没有价值的护肤品,没有品位的堆在衣橱里不穿的衣服。所以,女人要选择将能力做加法,在生活中做减法。

现实中大部分人都喜欢为生活做加法,为能力做减法。当我们的生活背负过重,每天在意别人是否对自己评价不好,每天赚钱少忧虑,甚至每天把自己陷在一地鸡毛的琐碎生活中,都不能算是为生活做减法,恰恰还在给自己的思想和能力加压。

《奇葩说》节目里讨论过一个话题:现代人,你可以穷,但你不可以不精致。沉醉于表面的"体面"和"精致"就是一个不断做"加法"的过程。而更高级的人生,一定是对欲望的"断舍离"!女人活到极致,一定要懂得通过整理、舍弃来调整自己的内心,要懂得"简","断舍离"是人生最好的状态。只有在生活中做减法,才能让自己以更加清晰、简洁的思维来应对能力上的问题,而且也会渐渐让能力变得更加强大。

很多女人对生活有些舍不得,拿起家中一样东西就觉得自己很有需要,即便是没有用处,也会想出这件东西的一两个优点,让自己把它留下。尤其是在感情和人际交往中,更是舍不得,什么都舍不得,什么都想抓到手里,结果却是累了自己的一生。而一些高层次女人却能做到当机立断，无论是生活中还是人际交往中，她们都能肃清自己不需要的东西。

断——"断"绝大量物品。

舍——"舍"弃不要的物品。

离——"断"与"舍"的反复，从对繁多物品收纳摆设的追求中脱"离"出来。

断舍离，不仅仅是整理房间、清理物品，更代表一种优雅的生活方式，一种果决的生活智慧。阻断不需要的物品进入我们的生活，舍弃那些我们不使用的东西，脱离内心的欲念，在清扫房间、整理物品的同时，在放下一段感情的同时，在结束一份不喜欢的工作的同时，也能让我们的心灵和生活也得到一次彻底的清理，心灵因此而清爽，生活因此而快乐，这就是断舍离的真义。

另外，学会断舍离的女子不是不会买买买，而是学会理智地消费，能把钱花在有价值的地方。不会出现打开衣柜全是"鸡肋"的情况，哪怕衣服很少却很精致，能够简约而不简单。生活因为学会了做"减法"才能腾出更多的时间来处理繁杂的事务。

现代女性常常抱怨"为什么我会这么忙？"，有时候甚至忙得连吃饭的时间也没有了。但实际上，你整天忙个不停的事情有多少是必须做的呢？想一想，那些根本不必要的应酬，那些没有意义的八卦，那些毫无意义的闲聊，如果勇敢地对这些事情断舍离，我们的生活何至于如此忙乱？学会规划时间，学会断舍离，把属于自己的时间还给自己，让我们使用时间的效率更高，我们的生活一定会变得更加自在和悠闲。

当我们学会断舍离，对我们的房间、办公室、衣柜等等都不定期进行清理，人生也会跟着这样的清理而变得清晰、明朗起来。断舍离不仅仅是整理物品，更重要的在于整理人生。学会断舍离，把人生中那些不需要、不适合、令人不愉快的统统清理干净，不要把自己的人生安排得太满，也不要把自己的人生设计得太拥挤，给自己留有空间，不要让负能量影响我们的工作和生活，好让自己可以从容地转身，迎来全新的生活，拥有轻快的人生！

◎真正厉害的人不靠走捷径

这世上本没有路,走的人多了便成了路。同理,这个世上本没有什么捷径,偷懒的人多了,抄小道走捷径就使好走的路变成了难走的路,而一步一个脚印的踏实努力反而成了捷径。我们总以为厉害的人天生就聪明,拼的是天赋,可如果你真的见识过一个厉害的人,你往往看到的是他(她)的脚踏实地的努力,还有跟自己死磕的果敢。

什么是走捷径的表现呢?比如,当要掌握一项技能的时候,不是一步一步地去学习实践,而是不停地向周围的人讨要各种学习资料却迟迟不愿打开。当考虑职业发展的时候,不是主动地去认识自己了解自己,而是直接去问别人自己适合做什么样的工作。当要做一次重大决策的时候,不是去深思自己到底想要什么,而是纠结于那些外在显性的利弊得失。当想要一份美好的生活时,不是自己努力去争取,而是希望傍上一个大款。这些都是想走"捷径"的表现。其实,自以为聪明的人永远在寻找捷径,而那些真正厉害的人总是在下硬功夫,愿意一步一个脚印,稳扎稳打。

电视剧《三十而已》中,顾佳和王曼妮都曾希望通过走捷径去实现自己的梦想。顾佳希望在太太圈获得商业信息,王曼妮以为拴住一个多金、帅气的白马王子就可以胜利。当她们从"捷径"中得到了实惠以后,却又被这种轻易得到的东西反噬，从而猛然觉醒。有些东西不是靠走捷径得到的，不经过自己的努力就想成功，往往会输得更惨。

所以，作为女性尤其要意识到，有些路需要自己一步一个脚印扎实地去走，有些关需要自己一道又一道地闯，最好的捷径是不走捷径。

影响了无数人的曾国藩有一套独特的处世哲学，那就是"拙看似慢，实则最快。"在学习、求知方面，他脚踏实地，一字一句学习，不完成一天的学习任务，绝不入睡。在为官时也是如此。他并没有一心去钻研为官之道，而是踏踏实实地做好手头上的每一件事。在人生的路上，他从不投机取巧，反而正是这种钻研苦干的精神成就了他，在短短10年内，曾国藩就成为了二品官员，成为了清朝的骨干力量。他在留给儿子的家书中写道，"余于凡事皆用困知勉行工夫，尔不可求名太骤，求效太捷也。熬过此关，便可少进。再进再困，再熬再奋，自有亨通精进之日。"心态平和的人，不急躁不浮华，认真专注，做事情不计较成本，不求捷径，却往往能收获出人意料的好结果。上天常常奖励聪明的人，但聪明人的成功之道却往往是看似笨拙的执着与勤奋。

女人的一生最靠得住的还是自己。要想让自己过得好，那就得把自己打造得有素养，有气质，有良好的心理状态。在人生的路上脚踏实地，用心走好每一步；经过世事的历练，你会把自己打造成闪闪发光的钻石。

Chapter 4:

CHAPTER4：
"干"出来的能力与自信

** 洁儿语录 **

　　生活很难，不会因为你是谁而温柔半分；

　　人生实苦，唯有不断求索才能活得无可取代；

　　愿我们都能够跳出舒适区，为梦想拼命努力一次！坚决不做大潮退去后的裸泳者！

　　这世界最彻底的修行不是打坐，不是修炼，不是冥想。而是行动，行动，行动，彻底的行动……无论你有什么梦想，有多大、多么不可思议，在地球的多次元的空间里，行动能加速梦想成真，念想成实。用行动唤醒与生俱来的丰足，所有福德圆满的人都懂得一古老密语即——行动。

◎从工作、学习、运动中自我提升

之前我们通过爱尔兰作家巴克莱说过:"幸福有三个不可或缺的因素,一是有希望,二是有事做,三是有人爱。"可见有事做正是使我们幸福的一个不可或缺的要素。当一个人全身心地沉浸在自己所热爱的事情之中时,就会感到前所未有的兴奋与满足,这就是一种幸福。除了有事做还要心存希望,具体表现在哪些方面呢?就是有学习的动力和让自己不断变好的热情,不断变好离不开三个要素,分别是工作、学习和运动。

工作、学习、运动是女人的三个领地,工作让自己经济独立,学习让自己变得充满智慧,运动让大脑保持清醒,能激活全身细胞。用一句话概括,女人要好命就要工作、学习、运动。

工作让我们提升经济能力和处世能力,学习与运动是在工作之余提升生命质量的方法。学习活跃思维,运动活跃筋骨,做与不做,短期内区别不大差异甚微,日积月累,终成天渊之别。女人提升自我,首先需要有一份能够带给自己经济来源的工作,之后就是学习和运动,让头脑和身体都日渐丰盈。所谓"岁月从不败美人",说的大抵就是工作、学习、运动样样都不放弃的女人。

另外,工作、学习与运动三者相辅相成,互相促进。善于学习的人,对自己身材的管理也会非常重视，平日里一定会对身材有着严格的管理，不论哪一种有氧运动一定会参与。在运动中建立坚持与突破自我的勇气，也能反过来影响自己对工作的态度。善于学习的女人也会有野心，对于自己的职位永远都有更好的追求，不会让自己十年如一日地在同一水平。所以在自己的工作水平达到一定极限时，就会去学习更多的知识，跃上跳板，去更高的职位。即使工作再难，这样的女人也会努力去学习，自然会得到回报。

运动不仅是强身健体的活动，也能让人保持年轻与活力。女人到了一定年龄之后，身体的衰老速度就会加快，但是你会发现坚持运动的女人不仅仅是身体更加健康，衰老的速度也更慢，对工作更认真，对生活更积极。许多演员都在晒健身照，她们不仅身材好，更重要的是她们的皮肤状态好到让人根本看不出来她们实际年龄。让她们保持年轻不老的秘诀是什么呢？就是每天坚持运动。生命在于运动，坚持运动的女人不仅会有完美的身材、紧致的皮肤，更会浑身散发着自信的光芒。

我们决定不了世界怎样对待我们，但能决定自己如何对待自己，想成为最优秀的自己，学会经营自己总是没错的。

如何经营自己呢？就是从工作、学习和运动三个方面来提升和爱护自己。即使有人能养活你，也要去过靠自己挣钱的体面生活。女人有自己的工作，每天能接收新的事物，就不会与社会脱节，想要什么自己争取，活得也有底气。现在的婚姻真的很脆弱，女人认为仅仅靠嫁得好就可以高枕无忧，已经不现实了，有一份工作，即使发生了什么，最起码能养活自己；现在的人普遍生存不易，女人出去工作，也是替老公分担压力。

此外我们要有自己的爱好和学习力。我们每天活得像绷紧的弦似的，需要适时放松。我们应该抱着学习的态度去做自己喜欢的事，可以养花、读书、跳舞、画画、旅游……喜欢，就会全身心投入，会收获到实实在在的快乐。

要有一个好身体，生命在于运动。无论多忙，时间挤一挤总是会有的，只要学会合理安排时间就能干得过来。如果真想让自己健康、苗条、年轻，每天一定腾出半小时时间，少刷朋友圈，少看手机，少追些剧，就什么都有了。

当女人在工作、学习和运动中找到了平衡，提升了自己，也就等于经营好了自己，最终会收获一个身心健康、愉悦的自己。

CHAPTER4:
"干"出来的能力与自信

◎相信自己行是一种信念

社会朝前发展，随着女性社会地位的提升，女性的独立意识也在渐渐萌生和发展。曾经，女人多数是男人的附庸，没有施展自己的机会与舞台。现在时代变得不同了，女人可以做很多事情，甚至在一些领域做出的成绩远远超过男性。所以，无论什么时候，女性已经有了生活的底气和信心。凡事相信自己行，是一种强大的信念，就会做成功很多事情。

杨澜曾说："在家里，父母给了我一个很好的教育，从小就跟我说，你不要因为是一个女孩子就去依赖别人，要有别人拿不走的真才实学，才可以在这个世界上立足。这给了我一个观念，就是说我可以自己去追求自己的幸福和成功，不需要等别人赐予我。"这是一种内在的强大的自信，使她才有了事业的成功。在自信方面还有很多值得我们借鉴与学习的女性。比如，范冰冰说："从未想过嫁豪门，我就是豪门。"徐静蕾说："我什么都有，他有单纯、善良和帅就够。"美国总统奥巴马的老婆去买花，花店老板说："你真幸运，嫁给了一位总统。"她微微一笑说："我嫁给你，你也是总统。"

所以，作为女人，相信自己能行很重要，要相信我们是会赚钱的人，会生活的人。不管周围有没有人关注你，不管他们怎么评讲你，对于我们来说都不重要，因为不管怎样，我们都要绽放，而这绽放不是为了让别人发现，也不是为了让别人称赞，而是对自己默默努力付出的奖赏。

在《相信的力量》一书中写道，美国一家杂志曾对美国前500家大企业的负责人做了一次调查，结果发现这些人都有一个最大的共同点：他们都特别重视自我激励。有的人把激励自己的话语录成磁带；有的人抄在本上子随身携带；有的人写在纸上并贴在自己看得见的地方；有的人每天花几分钟对着镜子大声朗诵令人自信、令人振奋的语句。他们就是这样常常激励自己而最终走向了成功。有的时候，一句赞赏或鼓励的话，就会改变人的命运。因为语言本身就有控制潜意识的巨大力量，而潜意识的惊人力量，又能把输入大脑的指令变成现实。假如你在接受一项新的工作时随口就说："这太困难了！我做不到。"你每说一遍，就是给自己一次不能完成的暗示。有这样一个人，每当上级给她布置任务时，她总会说："我怕做不好。"当公司提拔她时，她又说："我可能不能胜任。"她从来就没对自己说过一句鼓励的话。不是她本身不具备能力，而是她习惯于不相信自己，让消极的暗示把自己推向了失败。

信心能极大地鼓舞一个人的斗志，激发一个人的能力，是人生命中一股极强的力量。信心越大，离成功就越近。相信自己是一种良好的心态，相信自己有能力做好身边的每一件事，只有给自己这样的信心，才可以跨出消极心理的圈子，走上成功之路。

充满自信，做最好的你自己。相信自己一定能行，珍惜独一无二的你。跨越自卑，就能主宰命运。千万不要贬低自己，自信的女人最有魅力。时刻正确地看待自我，自信创造人生的奇迹，大声说"我很重要"。信心能够帮你重获新生，一定不要怀疑自己，不要忘了为自己喝彩。

CHAPTER4:
"干"出来的能力与自信

◎女人被圈养等于吃软饭

影视桥段中,男人爱一个女人会说"我养你啊",这种说辞放在现实中只能让人报以听听也就算了的态度。先不说男人是不是有这么大的能力去养你,关键是如果女人心安理得去过手心向上的生活,那不等于把自己废了嘛。

曾经看过一条新闻,一只叫"祥祥"的大熊猫被放归自然,不到一年就死了。"祥祥"是从上百只圈养大熊猫中选出来的佼佼者,年轻,健壮,反应快,学习能力强,通过3年野化训练,体重由62公斤增加到80公斤,高于同龄野生大熊猫。但是,两次放到野外,两次因争夺食物和领地而被野生大熊猫打败,第一次被打得鼻青脸肿伤痕累累,第二次失足摔死。经过大量调查发现,之所以会有这样的状态是因为"祥祥"被圈养以后失去了一大部分野外的生存能力,明明是个佼佼者却变成了失败者。

很多女性就和这个新闻中的熊猫一样,如果习惯了被圈养,自己就失去了很多生存能力,一旦遇到生活的大风大浪连应对的方法都没有。

在电视剧《我的前半生》里,罗子君嫁给了诚恳厚道、重情重义的陈俊生,陈俊生对她也是表达了真心诚意的"养着她"。但现实生活的无情渐渐磨掉了陈俊生对于罗子君的真情,当他在外面一边打拼一边成长,而罗子君除了逛街购物就是约闺密喝茶、一点长进没有的时候,陈俊生身边出现了一个很普通的同事撬了罗子君的太太地位。丈夫再厚道也难免动摇,爱情再甜美也抵不过现实中一个成长一个裹足不前。被男人圈养的女人,生存风险指数最高。好在罗子君遇到了贺涵,贺涵先是用激言励语打击她,让她幡然醒悟问题出在自己身上,后来又帮她不断提升适应社会的能力,最终罗子君从之前靠人圈养不识人间愁滋味的"闲太太",变成了一个精明强干的职场女强人。

说得严重一些,女人被圈养也等于吃软饭。因为男人再多金再富有,女人也不能变成关在笼子里的金丝雀失去飞翔的能力。

对于女人而言,美貌是资本,或许可以换来美好的未来。但这种未来很不可靠,因为容颜易逝,"韶华易逝,红颜易老"就充分说明了女人的美丽非常短暂。真正能让一名女人脚踏实地占据自己的领地且无需妥协的是物质与精神的双重独立,这才是安全感。对自己有高要求的女孩总有好命运,生活不仅仅要求我们做一个傻白甜,玛丽苏,女人也需要修炼自己,让自己的优秀配得上拥有财富。女人不要被圈养,而是要自食其力。

在这个社会,做一个美女很容易,只要天生没有重大缺陷,后天审美品位没有重大失误,减减肥、化化妆,都不会差到哪里去,更何况还有那么美容高科技;做一个才女也不难,从小学开始正常读书到大学,再有心弄点特长和爱好就可以,男人们就觉得是世间美味了。至于做到什么程度,就要看各自的功力了。但是要做个既善良可爱又知性智慧的女人就很难,这个需要天性、生长环境的熏陶和不断的修炼。看到任何心爱的东西不用考虑任何人的阻扰而获得,一个独立的女孩也能证明自己内心强大、睿智和勤奋,她们往往更能得到男人的尊重与青睐,也会与生活有更多讨价还价的权力。

CHAPTER4:
"干"出来的能力与自信

◎自己优秀才会有人脉

自古有"朋友多了路好走"的格言，人脉广泛的人，事业之路好像也走得相对容易些。但是，人脉不是发发名片，加加朋友圈或参加一些峰会和沙龙就能得到的，如果自己不优秀，即使加了很多人，也不会有效果。人脉靠的是互相吸引，互惠互利，只有自己优秀、有价值，人脉关系建立才有价值。

很多人都被人拒绝过，以为和对方留了电话、存了微信，彼此应该能帮忙，却忘记了一件重要的事情：只有资源平等，才能互相帮助！

很多社交并没有什么用，看似留了别人的电话，却在需要帮助的时候做无用功。因为你不够优秀——这样剖析虽然很残忍，但谁又愿意帮助一个不优秀的人呢？

只有优秀的人才能得到有用的社交！如果你不够优秀，人脉是不值钱的，因为人脉不是追求来的，而是吸引来的。只有等价的交换才能得到合理的帮助——虽然听起来很冷，但这是事实。

在你还没有足够强大、足够优秀时，先别花太多宝贵的时间去社交，多花点时间提升自己的专业技能。放弃那些无用的社交，先让自己变得优秀，世界才能更大！

我们永远要记得：人脉不在别人的身上，而藏在自己身上。唯有让自己变得强大优秀，你才能获得有用的人脉！"认识的人多"不等于"人脉广"，"人脉广"也不等于"人脉精良"。人脉法则第一条就是要扭转"以多寡论英雄"的人脉观。人脉的基础是你的"被利用价值"：你的利用价值越大，你的人脉才会越有价值，你吸引来的人就越能帮你。与其把时间花在多认识人上，不如花时间提高自己的个人价值。

所以，要想得到别人的帮助，就得先想尽办法、毫无目的地帮助别人。真正牛的人，不需要刻意经营人脉，只有让自己先强大，不断提升自我价值，并无私且真诚地帮助他人，分享、输出有价值的信息，人脉才会自己"找上门"。

你若盛开、蝴蝶自来不是一句空话，而是激励我们变得越来越好，才有更好的机会和机遇等着你。如果你本身不强大，不具备正能量，又怎么能够吸引到和你同频的人呢？

CHAPTER4:
"干"出来的能力与自信

◎怎样过一天就怎样过一生

一日之计在于晨,一年之计在于春,我们之前对这些朗朗上口的话不以为意,直到年龄渐长才有了别样的体会和感悟。不夸张地说,一辈子之计在于如何过一天。

我们可能都会喊着励志的口号:加油,努力,坚持,不放弃!大部分人都只把口号停留在嘴上,而不去行动。甚至说好的第二天开始行动,又迟迟不去做,将事情搁浅。比如,说要减肥的人第二天看着美食诱惑,吞吞口水劝劝自己,算了,明天再减肥吧;说要跑步的人第二天发现风冷嗖嗖的,感觉还是钻在被窝里睡觉舒服,关了闹钟扯上被子又睡了回笼觉,心想跑步明天再说吧。说好要报个班系统学习某学科一下的,结果摸摸口袋,想想算了,还是把这笔钱用在买一套漂亮衣服,吃几顿大餐上划算。对头脑的投资以后再说吧。

就这样,很多想法,很多打算,很多今日就交给了明天,变明日复明日,明日何其多?所以,不管你想做什么,或者立志想要干出什么名堂,不去做,都没有用。

有个段子说,40岁的时候我会感谢20岁努力的自己;60岁的时候我会感谢40岁努力的自己;80岁的时候我会感谢60岁努力的自己。无论哪个年龄段,努力都会让下一个年龄段的自己拥有更多的资源或底气。

假如把一天24小时的活动，几点几分做什么如实记录下来，如：看书，看电视，吃零食，上网，发呆。读了这张记录表，就知道你是否浪费了生命，并且能清楚推断你的未来，根本不必问算命师。有一句话说得很好，你怎么过一天，你就怎么过一生。

可能有人要说了，一年365天，我浪费一天怎么了？我虚度一年又能如何？是不能如何，当你任由自己浪费时间，未来一定会有一个你想不到的时刻在等你，跟你算账。有句话说得好，不是时间在流逝，流逝的是我们。

我们对生活充满期待，确切地说，是对明天充满期待，对未来充满期待。很少有人起床后便盼着今天会捡个大元宝，今天天上会掉馅饼，却有很多人盼着在未来的某一天会得到命运之神的垂青，获得难得的机遇。或许，你说，我就是喜欢平平淡淡，那么想一下，你有多少个自己想改掉的、不满意的习惯，多少个积极的行动是计划放在明天开始做的呢？并且，是放在每一个明天开始做。然后，这样日复一日却永远不能真正地付诸行动，被时间彻底地打倒。

明天开始健身，明天开始努力学习，明天开始早起早睡，明天开始每天坚持做一件有意义的事情。你所有的盼望，所有美好愿望的行动都计划在明天开始。明天又真的可以把握吗？其实，把我们每个人区别开的，不是机遇，而是每一个今天。每个人都会面临机遇，遗憾的是，大多数人都没有数百个上千个"今天"的积累，机遇跑到他（她）的面前时，他（她）会推走，推不走的话他（她）会跑开，因为他（她）会把机遇认作是威胁。而善于积累每一个"今天"的人，机遇来了，会审时度势，分析面临的问题抓住机会。机遇一开始带给你的只是挑战，甚至会让你的内心恐惧；只有做好了准备的人才能把握住机遇。

CHAPTER4:
"干"出来的能力与自信

　　董卿制作兼主持的《朗读者》在第一期播出以后就受到了豆瓣上9分以上的好评。当我们看到朗读者带着人性的温暖走进视野的时候，我们可能第一个想到的是董卿作为一个学霸，一个新闻传媒专业出身的人，做一期自己的节目成功也是必然。其实，记者采访董卿团队的时候才知道，做这个节目的时候，她把自己的时间都快要按秒算了。她说自己很长一段时间感觉时间不够用，恨不得一天有30个小时，甚至于她每天凌晨两点以后才睡觉，早晨五六点就要起床。她把一天时间当成两天甚至三天去用。

　　所以，任何一件事情的成功，我们看到的是表面，而那个成功的人却是在别人看不到的地方付出了超出别人想象的N倍努力。

　　其实我们身边很多生活的强者，他们的时间都是按秒算，不用闹铃早上就自然起床，不用人监督也不会泡在网上浪费时间。他们自律，他们奋进，因为，时间对他们来说，是一切。

　　在这个人人都是"低头族"的时代，"刷刷刷"是一种全民运动，刷微信、刷微博、刷业绩、刷收视率、刷脸、刷存在感……

　　在不经意间，时间就被"刷"走了。早晨低头刷，一抬眼中午了。中午开始刷，一不心心下午了，就这样，一天就虚度了。等到某一天，颈椎生病了，时间荒废了，你还敢说浪费一天没什么吗？

　　所以，记住：你怎样过一生取决于你怎样过一天。因为人一生的长度都是一天天累积起来的。

◎积极的心态是制胜法宝

人与人的智商相差无几,情商也不是很有距离,为什么有的人做事会成功,有的人做事却经常失败?大部分原因是出于心态。好心态的人看什么都是积极的,心态不好看什么都是糟糕的,心态同时能影响一个人的潜意识,潜意识又决定了做事的态度和方法,最终引向成功或失败。

悲观主义心理学家叔本华认为人生如同上好弦的钟,盲目地走一切只听命于生存意志的摆布,追求人生目的和价值是毫无意义的。他把人生道路比喻成一条铺满炽热火炭的"环形轨道",人双脚踩在炽热的火炭上面。人一生中谈恋爱、结婚、吃美食,旅游等高兴的事如同奔跑过程中的清凉的落脚点,每个人都在不停地奔跑,总期望碰到那清凉的地方,获得片刻的幸福感觉,然而人们最终还是倒毙在炭火中。同样,积极心理学家阿德勒说过,人的一生就是超越自卑的过程,凡事只要用积极的心态去看待,往往事情就变得积极美好。

悲观的人首先打败了自己。一个简单的道理:人从出生就不停迈着步子走向死亡,这是每个人都不能逃脱的宿命。难道,因为要死就干脆不活了吗?我们无法延续生命的长度,却能用乐观和积极的人生态度拓展生命的宽度。假如,人生道路就是用火炭铺就的,我认为,用每一个小幸福联结起来的清凉足以使炽热降温甚至消融。

生命不长，更应该活得有质有量有快乐。生命的价值就是发现美和艺术，这是人存在的唯一出口。就像罗马皇帝说的那样，不要满不在乎过日子，好像能活一千年一样。

生活本来无色，我们用艺术的眼光和心态来看待它，它便具备了艺术和美。法国启蒙思想家蒙田说："伟大的人生艺术就是尽量有快乐的思想"。思想快乐，才能摒弃一些悲观的情绪。

顺境与逆境，快乐与悲伤，理想与现实进行碰撞时，唯有乐观的心态才能掌舵。乐观不仅是智慧，还是一种涵养。宽恕了别人也悦纳了自己，也是对人生的透视和彻悟。生命的色彩如果只是一色怎么成就美丽呢？

作家冯骥才的家里失窃，但字画之类的贵重物品安然无恙，他笑那贼"并非行家"。当人问他有没有重大损失时，他说："在家里我是最重要的生产力，我没有丢，就谈不上什么重大的损失了。"

这是一种多么幽默、乐观的生活态度。女人就是艺术人生的主角，就是美好生活的生产力。每天，孩子看到妈妈乐呵呵面对生活，他们就会发自心底产生安全感；身教大于言传，孩子会用积极的眼光看待生活。家，会因为一个女主人的乐观而变得其乐融融。幸福的生活会更幸福，不幸也会因此远离。

我们用积极乐观的心态去过一种简单而有趣的生活，没有烦琐的事情，没有尘嚣的干扰，静静感受生活，这就是生命的真谛。钱太多会患得患失，考虑太多会让思考打折。不被任何胜利冲昏头脑，不因小小失败丧失斗志。把生活当成艺术的一部分，用自己的眼睛涂上底色，用自己的心情描绘风景，用自己的态度给其装裱。

迎接生命的挑战，禅悟人生的艺术。

◎不完美，却依旧美

追求完美是一种理想，凡事皆不完美才是常态。海蓝博士在《不完美，才美》一书中提到，"我们总以为幸福是得到自己想要的一切，其实幸福是终于知道，人生得意时少，失意时多。如果能在变幻无常的生活…学会遇到苦难和不如意时不对抗，不逃避，不抱怨，改变能够改变的，接受不能改变的，那么人生不管如何跌宕起伏，我们都能活得宁静和谐。"

这个世界并不存在"完美"，古人也云：人无完人、金无足赤。我们要完全地接纳一个不完美的自己以及这个不完美世界所有现实的存在。"完美"可以理解为大家共同的理想，也可以视为一种终极目标。只有自己不断克服困难、创造机会、坚持不懈地努力，哪怕知道最终实现不了目标也不放弃，始终如一地在追求完美的道路上前进着，这大概才是完美吧。

英国作家毛姆说，完美有一个重大缺陷，它往往是无趣的。童话里的故事都是完美的：公主遇见了王子，最后过上了幸福圆满的生活。你还想再听一遍吗？所以说，我们要有一个新的认识，真正有真和美好的东西恰恰是因为它本身的不完美。

有一个寓言故事说，从前有个圆圈，它丢失了一小段。它想变得完整，于是它到处寻找它所丢失的那部分。由于不完整，它只能滚得非常慢。在路上，它羡慕过花儿，它与虫子聊过天，它享受了阳光的照耀。它遇到过很多不同的一小段，可是没有一个适合它。所以它把它们丢在路边，继续寻找。有一天，圆圈找到了可以与它完美结合的一小段，它非常高兴。它现在终于完整了，不缺任何东西了。它把丢失的那段装到自己身上，然后滚了起来。它现在是个完整的圆圈了，它可以滚得很快，快到忽视了花儿，快到没有时间和虫子们说话。当它意识到由于它滚得太快，世界变得如此的不同时，它便停了下来，把找到的那段卸下丢在路边，慢慢地滚走了。

这个故事告诉我们，从某种奇怪的角度说，当我们缺少什么东西时，我们反而是更完整的。

当我们接受了"不完整性"是人生的一部分时，当我们在人生之路上不断前进并且欣赏生命残缺之美时，我们就获得了别人只能渴望的完整的人生。我相信这就是上帝对我们的期望：不求"完美"，也不求"从来不犯错误"，而是追求人生的"完整"。

如果我们有足够的勇气去爱，足够的力量去原谅，足够的宽容，足够的智慧，足够的感恩惜福，能因别人的快乐而快乐，能发现我们身边充满着爱，我们就会得到其他生命所得不到的一种满足感，这种满足就是财富。

做人最大的乐趣是通过奋斗去实现理想，人生才会更精彩，生活才会更充实。人世的艰难与折磨就是一种考验。人都不是十全十美的，有缺点才完美。学会接受自己、爱自己，用宽厚仁慈的心对待身边每一个人。缺陷是一种恩惠，有缺陷意味着我们还要更加努力。

◎所谓的稳定来自反脆弱的能力

没有谁生来就具备强大的心理素质和能量,任何人都既有强大的一面,也有脆弱的一面,想在遇到突发状况和困难的时候能够不使自己陷于混乱,那么就需要通过不断的努力去增强自己的"反脆弱"能力,让自己的精神更加强健,个人能力更强大,内心更坚定,那样才能拥有真正的稳定。

"反脆弱"这个概念源于美国畅销书作家塔勒布教授的同名书籍《反脆弱》。说到"反脆弱,首先我们要知道什么是脆弱,比如跑步摔了一跤,腿折了,这很脆弱;一个玻璃杯从桌子上掉下来,碎了一地,这也是脆弱;甚至于整个世界和地球都表现了脆弱的一面,5·12地震毁了多少建筑物,带走多少生命,这是脆弱。那么,什么是反脆弱呢?一个东西掉在地上,不仅没有破损,而且还能从中受益,这才叫作"反脆弱"。比如我们常说的弹簧,压得越狠弹得越高,这就是一个很形象的"反脆弱"现象。再比如球,扔出去弹回来,就是反脆弱现象。

所以,真正的反脆弱能力就是塔勒布教授所说的那样,有些事情能从冲击中受益,说得简单些,就是明明是个大受挫折的事情,却能在这个挫折中获得经验和好处。

生活中的人可以分为坚强的人、脆弱的人和反脆弱的人。坚强的人很好理解，就是遇到风险和挫折的时候能够百折不挠，愈挫愈勇；脆弱的人则恰恰相反，遇到一点小挫折小困难就会一蹶不振，毫无还手和招架之力。反脆弱的人要在坚强的人之上，又远远超过脆弱的人。拥有反脆弱能力的人提前就修炼出一种能力，这种能力就是不怕风险，在风险中吸取经验和智慧以防犯下次遇到同样的问题。他们大部分拥有成长型思维，特点是复原力超强，而且具有一种在"不确定性中获益"的能力。他们把任何挑战当成是一种自我锻炼，在挑战的过程中不断自我迭代，持续成长。在"反脆弱型"的人眼中，没有所谓的"成功"或"失败"，他们更看重的是"成长"。一旦具备了"成长思维"也就具备了在不确定世界中的抗压力。

反脆弱能力需要在日常生活中不断锻炼，比如：让自己多一些收入来源，培养自己多几种谋生手段，学习不同的专业知识并且精益求精。让自己的身体处于健康状态，能够时刻保持活力投入到工作和生活中。让自己变得多元化，从比自己厉害的人身上汲取能量等等。为后面可能出现的问题提前做防范，如给自己和家人买保险。

每一个成功的人时刻都可能遭遇失败，但他们能够拥有终生不断成长的思维，将自己的事业做得蒸蒸日上。无论如何，经历各种坎坷和挫折几乎是创业成功的一个先决条件，人们只有在各种挫折中掌握更多的经验，把握正确的方向，获得更大的勇气，才能有效应对更多的问题。这也是一种反脆弱能力的锻炼与提升。当一个人的反脆弱能力越来越强时，相对而言抗压能力也会越来越强。

要知道，任何人都可能遭遇失败，但是谁能够拥有反脆弱能力谁就能坚持得更久一些，谁能够具备抗压力谁就能正确地看待自己的处境，谁就可以更快地适应逆境并突围。

女性看上去柔弱，但并不代表脆弱。如果说被动的反脆弱来自于女性天生的柔韧，那么主动的反脆弱则来自于女性自身的眼界与格局了。女性的反脆弱性不要用在走投无路破釜沉舟的那一天，早早地做好应对波动与不确定性的准备更加重要。

CHAPTER4:
"干"出来的能力与自信

◎先有钱，才能有诗和远方

人们都说谈钱很俗，其实不谈钱更俗，因为任何想要的生活，想拥有的诗和远方生活的实现都离不开钱。真正有能力的表现大部分在赚钱上，经济基础才是其它的基础，尤其对于女性更是如此。人们看到董明珠做直播一天带货几个亿，刘涛直播嗨翻现场，王薇琦刷新了人们对于直播营销的认识，她们身上都有着非常强大的营销能力。

很久以前看过一个调查，问女生，愿意在自行车上笑还是坐在宝马车里哭。当然不同人的选择各有不同。事实上，这是个伪命题。因为从我们大众的认知和价值观里看，坐在自行车上的就一定会笑吗？或者坐在宝马车里就一定会哭吗？当然不绝对。

有钱有爱的人坐在宝马车里才会笑，贫贱夫妻百事哀的情况下，坐在自行车上一定会哭。真正的浪漫是坐腻了宝马车，可以选择骑自行车，穿行在花田草海，这是真浪漫。而不是苦哈哈每天蹬上自行车穿行在风里雨里挣着朝不保夕的钱，还嘲笑别人坐在宝马车里哭，这叫不切实际，是吃不着葡萄就说葡萄酸。所以，别说钱是王八蛋，缺钱才是该改变。

很多人说，不要只想眼前的苟且，人生还有诗和远方。这话没错，说得很好。但没钱拿什么过诗和远方的生活？

网络上流行的一个小清新段子是这样说的:"春天来了,我们去旅游吧!我带着你,你带着钱,三亚也好,长江也罢,横穿唐古拉山口,暴走腾格里沙漠。让我们来一场说走就走的旅行!我带着你,你带着钱。哪怕是天涯,哪怕是海角!我带着你,你带着钱!你一定要带着钱啊!!!"

看到这儿大家一定笑了,这个小段子太现实。明明是浪漫的旅行,非得强调带着钱,还重要的事情说三遍。俗不俗?俗。真实不真实?非常真实。人生何尝不是一场旅行,你敢说走就走吗?能让一个人义无反顾放下一切当个背包客最基础、最重要的因素就是钱。这点听着似乎很俗,但俗得真实。谈钱变俗,没钱更俗。

没有钱,还去追求诗与远方,不过是从一种苟且去往另一种苟且。

很多有梦想的人,他们每个人的梦想说起来都很高大上。有人想开一家房车餐厅,有人想买一个游轮,还有人想在三亚买一块地皮专门种植玫瑰和百合供爱人赏玩,还有人想盖一个私人浴场,还有人想开一家全能的立体环绕室内电影院。这些都很高大上,怎么实现呢?钱,想实现这些都得靠钱。

按照马斯洛的需求层次理论,人首先要满足生理需要、安全需要,然后才是爱与归属、尊重、自我实现的需要。进化到这个阶段,大部分人类已经很幸运地不再需要像动物一样为了活下去不惜一切代价,但你我仍然摆脱不了吃喝拉撒睡,头上有房顶、屁股下面有床的需求。你一定体验过,因为饿了、渴了、便秘了、失眠了、病了、被偷了、一个人走夜路了而"整个人都不好了"的那种感觉。

即使你再超然于世、特立独行,走自己的路关这世界屁事,你仍然需要有一口饭吃、有一杯水喝、有一张床睡,有一个营生的活计,有一两个亲人或朋友。如果你连眼前的这点儿苟且都应付不好,连这点儿钱都没有,哪还有余力追求更多呢？

所以，当大街小巷人们都说"生活不止眼前的苟且，还要有诗和远方"的时候，你就狠狠回敬他"没有苟且赚钱的能力，拿什么拥有诗和远方。"

钱，决定我们生活的宽度和广度，也决定眼界的高度。自己靠正道得来的钱一定是个好东西。

◎坦坦荡荡去赚属于自己的钱

真正的财富就是坦坦荡荡去赚属于自己的钱。不要幻想着天上掉馅饼，也不要急功近利想一夜暴富。

做人、做事、挣钱，是人生的三件大事，由于人们对人、事、钱的认识、感悟不同，便走出千差万别的人生。有出类拔萃的人，有平庸无奇的人，有造福人民的人，有祸害社会的人，有受人尊敬的人，有为人不齿的人。

真财富都是靠着诚实做人，坦荡赚钱积累起来的。也许还有一部分女性认为"嫁汉嫁汉穿衣吃饭。"这是以前，现实的社会，经济压力倍增的快节奏生活中，女性更应该成为自给自足，能够赚钱养自己的人。

女人的气度、风韵、品位、阅历这些本非生来就有，而是靠后天的培养，但这些培养都离不开金钱的土壤。所以，不要再陷于"女人不需要那么拼"的陷阱中了，女人也应该学着像男人一样努力挣钱，让自己过得好点，让家人过得更舒坦。

可能也有女性朋友会认为，闲着多好，上班又累又辛苦。事实上，等我们真正闲下来不去工作或无事可做的时候，人就会变得失去方向和目标。

有一位医生生活富足，于50岁宣布退休，带领全家移民美国，他从此每天参与自己最喜爱的两样休闲活动：打高尔夫球与钓鱼。一年后，出乎意料，他又回到原来的地方继续做执业医生。朋友们都很奇怪，这位医生诚实地说："打高尔夫球与钓鱼连续做一个月就烦了，没有工作形同坐牢，后来我在美国跟许多移民一样，成了'三等人'。"

"何谓'三等人'呢？"他的朋友们问道。

这位医生苦笑道："首先是等吃饭，吃完饭之后是等打牌，打完牌之后就是等死了。这样等了一年实在受不了，只好回来再就业了。"

这个故事向我们传递了一个观念：有事做的人不辛苦，无事可做才无聊。有自己的事情做，并乐在其中，能有一份经济收入，这就是很好的状态。不吃闲饭，不生闲气，赚属于自己能力范围内的钱，过自己能实现的生活，这样的生活不是很富足吗？

女人的上半生靠美貌，下半生靠智慧和修炼。我认识一个女孩，嫁了一个收入非常高的老公。自从嫁了这样的高收入老公以后，她就放弃了自己的事——跟着爱人带着孩子安心当起了家庭主妇。结果事业做得顺风顺水的老公有了办公室恋情。原本她有事业，人漂亮，结果落得事业没了，爱情也因第三者插足而土崩瓦解。在爱情方面，引用莎士比亚的一句话："我猜中了这个故事的开始，我将上帝赋予我的一切都奉献给了你，但我却没能料到这个故事的结局。"很多人可以在初始爱得死去活来，很少人可以相亲相爱走到人生终点，能支持自己一生的只有自己经济独立。

婚前，经济独立能使你获得一份有质量的爱情；婚后，经济独立能令你获得平等地位和丈夫的爱与尊重，以及一个长长久久的婚姻。

所以，任何时候，我们都要告诉自己，财富是一种宇宙能量，钱也是能量的一种。而靠着自己的双手和能力去赚取，这种能量才可靠。

Chapter5:

CHAPTER5：
"练"出来的自律坚韧

✳✳ 洁儿语录 ✳✳

　　早已忘记了为何那么努力工作，总觉得一旦停止燃烧就不知拿什么来诠释生命的意义？不持续奔跑，有什么更好的理由来证明我们是宇宙奥秘的探索者，探索发现心中的天堂，以此为乐。

　　本无江湖，七情六欲产生一切情愫。所有的修炼中唯把领袖能力修炼到极致的人才能成就霸业。删除一切不重要的，紧贴时代脉搏把此生时间排满，别无他途，去创造、体验、历练、成就、造福。

◎坚持与自律：女人一生的护身符

在《少有人走的路》一书中有这样一句话：人生，是一个不断面对并解决问题的过程。为解决问题而努力，我们的心智就会不断成熟。而解决问题的关键在于自律和坚持。现实中有不少女人，她们明明年龄已经很大但呈现的状态却是年轻有活力，甚至有不少人活成了冻龄状态，只增年龄不增皱纹。那些我们看到的四五十岁的年龄依然活出了二十几岁的模样的女子，绝大部分了除注重身心修养之外，还在于她们对美的坚持，对自己各种行为习惯的管理。就像那句常讲的话"只有懒人，没有丑人"。

有人说，30岁是一个女人的分水岭，有的人在岁月里慢慢沉寂，有的人却越来越优雅自信。总有一些人向我们展示女人的不同活法。坚持、自律的女性把年龄活成了一串数字。只见岁月败落，不见美人苍老。

那些我们看到的影视明星，无论是扛下宫斗大戏的孙俪，还是依然白月光的神仙姑姑李若彤，无论是生完宝宝复出的赵丽颖还是精灵顽皮的王子文，无不是靠着坚持与自律保持着一贯良好的身材与气质。也许会有人说，明星是靠身材和脸蛋吃饭的，当然需要保持。那么，普通人就不需要吗？普通人如果靠坚持与自律一样能够收获健康与快乐，找到积极的生活状态。

有一位七十岁的阿姨坚持了三十多年的瑜伽和冥想，刷新了生命的长度，医生都觉得是一个医学奇迹。这位阿姨从三十多岁确诊全身硬化病变医生认为最多能活十年，可她凭着惊人的毅力坚持与病毒展开了斗争，每天雷打不动打进行冥想，每天练瑜伽，不但身体渐渐变得灵活、柔韧，病痛也减轻了不少，慢慢新的病变也开始放缓速度，她活过了第一个十年，又活过了第二个十年，直到活过了第四个十年，成为七十岁最美的瑜伽奶奶，医生都说是她靠着自己的毅力打败了病魔。

明星求美的心如此，患病求生的欲望如此，对于普通人来说更应该如此，如果想让自己变得精致一些，健康一些，我们其实也能做到。

有人是因为结婚以后被生活的琐事影响变得懒了，变得没有时间，她们不再打扮自己，每天一副风尘仆仆的样子，这样的女人会被老公嫌弃，最后成了名副其实的黄脸婆。当一个女人不再去在乎自己外在形象的时候，那么她就会随着时间的流逝变得越来越丑，甚至越发苍老。

日本时装设计师山本耀司说过一段这样的话："我从来不相信什么懒洋洋的自由。我向往的自由是通过勤奋和努力实现更广阔的人生。一个人能否实现目标，跟任何性格特征都无关，除了自律。"

据研究发现，所有人成功的原因无论是性格特征还是家世背景，最终都归因于一处，那就是这个人具备高度的自律。所以，一个自律的人，不仅仅很容易成功，更能彰显高贵的品格和人格魅力。

作为女人，且是资质平平的普通人，想要经济独立，聪明，美，瘦，只有对自己狠一点，才有机会实现。

爱美才能使自己平凡的面孔生出一些不平凡来。

爱美的女人决不会是个懒人。

懒，是女人最大的缺陷。

该化妆的时候要画上美美的妆，不是为了取悦别人，而是为了取悦自己。

该睡觉的时候要尽早上床睡觉，"睡美人"，想美就一定要睡足美容觉，你消耗的不是夜，是自己的健康和美丽。

该吃补养的东西要进行营养搭配好好吃，由内而外的美才是真的美。

该让自己松弛的皮肤、走形的身材改变就要积极去锻炼，去改善，没有人会通过一个不讨喜的外表去爱上她的内在。

逆生长不是不可以。没有一个人是天生自律，自己与自己比，才是真的不容易。如果我们任由自己的身体垮塌下去，肌肉、细胞、神态也会悄悄老去。只有时刻提醒自己，"我可以活得更健康，更年轻"，潜意识里才会有一股积极的力量来推动自己，去实现逆生长才有可能。

当我们心情不好，却能努力让自己开心时。当我们想要贪吃，却能管住自己的嘴时。当我们想要偷懒，却能迈开自己的腿时。

这个时候，所表现出来的自律就是戒掉了"懒"，戒掉了"放任"，从而让自己在自律的路、变勤快的路上改变、提升起来，也美起来。

CHAPTER5:
"练"出来的自律坚韧

◎打败你的不是没有时间，是拖延

拖延是每个人都会出现的毛病，每个人总想着克服却总也克服不掉。比如，吃完饭明明有很多需要洗的碗筷，但双手却放不下手机，迟迟拖延不去洗。比如，明明自己肚子上有很多肉肉，说过很多次要运动要减肥，却从未行动。比如，买了很多书打算好好读，结果拖了很长时间却一本也没有仔细去读……

大部分人都是如此，理智是一回事，真正做又是一回事，这就是一种拖延症的表现。无事不拖延的人凤毛麟角，每个人都会拖延，只不过程度有轻有重。只有终结拖延带来的干扰才可以活得更精彩，才会有更多的时间来娱乐，同时也会从拖延中赢回更多的时间，才会让自己的工作完成得更出色。

在《拖延心理学》一书中对拖延的心理有深度的剖析，其中有一个观点很有意思，心理学家认为，所有的拖延行为都是由于一个人内在的潜意识里认为自己"还有时间"，虽然出现大部分状态是因为拖延造成了一定的麻烦和措手不及，但大部分人会抱着还有时间完成任务的希望。说得简单些，拖延是人们对于时间缺乏有效的管理，如果他们觉得在十秒钟内可以完成一件事情，那么一定就会等到最后第十秒，而这十秒钟内可能会碰到什么突发情况导致无法完成任务，他们是不会去想的。而想要把这个问题解决，那就需要一种对自我的心理暗示。比如，小A要完成某件事情，却迟迟不肯行动，因为他觉得时间还很充足。这个时候，他就可以试着给自己施加心理暗示：时间并不是如自己想象的那么充足，事情也没有自己想象的那样可以那么轻易的完成。当这个心理暗示起到了作用，人就会有个清晰的时间概念，从而采取行动。

当潜意识习惯了催促自己去尽快完成一件事，而不是拖拖拉拉的时候，慢慢自己的"时间商"就建立了起来。不是人人都有时间管理能力，就像不是人人都具备高情商是同一个道理。有个著名教育家说过："时间最不偏私，给任何人都是二十四小时；时间也最偏私，给任何人都不是二十四小时。看似平等的24小时，但拉开人与人差距的就是时间管理。具备时间商的人不是把时间拉长，而是把要做的事做精确控制，知道优先选择做该做的事。某女士是一个新媒体编辑，她一方面要应对高强度的工作，一方面还要抓紧时间准备考研，忙得天昏地暗。她天天觉得在与时间赛跑，但效果并不理想，不但考研复习不好，也由于时间匆忙发的稿件也经常有问题让领导不满。直到后来，她听了一位老师关于时间管理的课，她终于意识到：一个人必须放弃生命中很多值得去做但是不应该去做的事情。后来，她辞去了工作，全心全意在家复习，并顺利考上研究生。更让人羡慕的是，如今的她，在读研期间还兼职做新媒体文案，每个月的收入很高，成为了一个闪闪发光的人。时间管理的本质，不是把时间利用到极致，而是懂得对自我进行管理，知道什么时候该干什么事。

学会时间管理的人会经常问自己一个问题：你是愿意主动管理时间过日子，还是让日子在不知不觉中从你头上过了？积土成山，风雨兴焉；积水成渊，蛟龙生焉。当我们学会了终结拖延症，学会时间管理，拥有了自己的"时间商"，那么生活和工作也就渐渐有了不一样的变化。

经过一次次拖延和时间的浪费，人生的差距慢慢就会被逐渐拉大。哈佛大学做过一次调查研究认为,世上百分之九十以上的人都因拖延的坏习惯而一事无成,这是因为拖延能打消人的积极性。那些高效能人士、杰出人士往往是终结拖延的高手。所以,想要让自己不那么平庸,首先要告别拖延,学会管理时间,人和人都是平等地拥有24小时,如果不拖延就会有效利用这有限的时间,多做一些事情,离成功和高效会更近。

◎真正高级的管理是管好自己

现在职场女强人很多,既要兼顾家庭又要兼顾工作的女人也很多,她们在打拼的过程中也会涉及到管理别人的问题,管理一个部门或整个公司,同时还是家庭的 CEO,其实真正高级的管理是管理自己。

比如,当发现员工有问题的时候,能不能第一时间找找自己的问题,而不是直接找员工的问题。比如,当发现客户有了问题的时候,能不能想想是自己与他们合作上出了什么差错导致客户产生问题。比如,当跟家人、跟最亲的人之间有了不愉快,我可不可以从对方的立场想问题,感受对方的感受。

而所有这些,都属于自我管理的范畴。管不好自己,就管不好别人,也别想着管好别人。

有一次,记者在采访万科集团 CEO 郁亮时他说,最初他是一个大腹便便的"胖总管",当他发现自己的身体因为不能控制发胖而变得虚弱或有不健康趋势的时候,他决定给自己定一个目标。他定了六字目标:"管住嘴,迈开腿。"他决心将体重从 75 公斤减至 64 公斤。郁亮每天早上起来跑步,风雨无阻。短短几个月时间,他就成功减掉了 12 公斤。而且立下誓言,到了 50 岁时给自己的礼物就是要登珠峰。

他说:"我 45 岁(很胖),那时候我在想一件事情,再过五年转眼就 50 岁了，到50岁就人生过半百了，这让我觉得好像很恐惧，人生难道就这么过去了吗？青春已经没有了吗？我有没有可能找回青春的感觉呢？"郁亮琢磨，在50岁的时候能给自己带来什么礼物？其中一个礼物就是要登珠峰。"为什么登珠峰，我跟我女儿曾经有一次夸海口，我说我在人生中希望成为国家运动健将，她说不可能。我查了一下所有的资料，只有一种运动有可能成功，就是登上珠峰，就可以成为国家运动健……如果你的队伍里面有国际友人一块参与登珠峰，你就是国际级的运动健将。"

郁亮还对记者说："在过去三年，我一边登珠峰，一边把健康管理纳入公司管理的内容。我觉得在万科整个"80后"为主的这么一个员工队伍里面，他们大多数人在有房有车后缺少什么？缺少健康。我在运动方面让公司员工做了三点，第一点是管理层带头开始跑步，万科管理层里面没有一个人有脂肪肝。第二，我们给员工创造环境，做了淋浴间，很多公司告诉我(空间)很紧张，没有淋浴间，我就问一个问题，我说你有办公室吗？你有独立办公室的话，可以改造成淋浴间，这么一来，他们全有淋浴间了。第三，我们把员工健康的指标跟管理层的奖金挂钩列为考核内容，员工不健康，会扣管理层奖金。如果公司员工平均的体能、体重比过去更达标了，更优秀了，加1%的奖金给管理层。"

带一个队团也好，管一个公司也好，经营一个家庭也好。如果不先管理好自己，就带不好团队，也管理不好公司，更经营不好家庭。

真正成功的人是善于内省和改变自己的人，鸡蛋从内打破是生命。

有位男士和一位女士结婚八年，女士是个公司高管，男士也经营着自己的一家装修公司。两人都属于性格比较强势的人。在家里两人都想自己说了算，不太喜欢服软。有一天太太发现自己在公司里做得再好，挣的钱再多，回到家里如果跟丈夫争权还是会让自己不太开心，于是她也做出了改变，再遇到丈夫强势的时候，她就选择避开丈夫的锋芒，不再针锋相对。慢慢地她发现，由于自己先做出了改变，丈夫竟然也变得没有之前那么态度激烈了。

一个人愿意改变，愿意找自身的不足，这很关键。所以，学会自我管理的人往往善于向内寻因，大脑里时刻记着一个观点：一切问题都是自己的问题。

这是一种内向思维，我们所遇到的事情，对自己有损或者有利，顺心或者不满意，都是外缘，我们自己是一切的根源，所有的问题都是自己的问题。我们每个人都要反思自己的问题，找别人的问题没有意义，任何时候首先要归因于内。

我们在工作和生活中遇到很多问题没有绝对的对和错，对和错是观点不一样，立场不一样。所以说"我错了"才能追根求源，找到自己的原因。

向内寻因也是实现自我管理的一个非常大的起点，只有学会凡事先找自己的问题，这样的人要么胸怀宽大，要么境界高深，做到这点，还能说自己没管理好自己吗？

CHAPTER5:
"练"出来的自律坚韧

◎不给别人添麻烦是一种修养

我们常听人说不要给人添麻烦。什么叫添麻烦呢？其实，简单来看，就是指一个人因为自己的一些事情去打扰了别人的生活，占用了别人的时间，让别人有了烦恼。虽然我们不否认人与人之间交往是靠着互动和联系才活络起来的，但是，我们绝不能因为人与人需要互动而把给人添麻烦视作理所当然的事情。其实，一个人最好的修养就是不给别人添麻烦。麻烦别人的原因有很多，可能是这个人没有教养，没有素质，但根本是没有把别人放在心上，不懂体恤别人的难处。

有一个故事讲的是某快递公司对新员工统一培训，让新员工跟着老员工了解整个工作流程。有一个新员工发现每天有大量的快递需要投送，有的一层楼可能有几十件东西，大小不一的快递有时候送给同一栋办公楼的人需要用手推车才能装下推走。有一天这名员工正好遇到一层有十几个件要送，为了节约时间，于是就顺手按着电梯的门，让门一直开着。不然等电梯走了，再等下一趟可能要好久。但带他的师傅却告诉他这样做虽然没有违反快递公司的硬性规定，但不能这么做，因为办公楼办事的人很多，如果一直按着电梯，电梯就不能上下，等于给其他等电梯的人添了很多麻烦，做快递这行，宁愿自己辛苦些也不能带给别人不便。这位快递师傅知道公司办公楼里，会有许多人急着出人，宁愿自己麻烦一些，多等一趟电梯，也不给别人添麻烦。

林语堂说：一个心底干净、思路清晰、没有多余情绪和妄念的人是会带给人安全感的。因为他不伤人，也不自伤，不制造麻烦，也不麻烦别人。

"不给别人添麻烦"是一种刻在骨子里的教养，生活中其实没有那么多事情需要别人帮忙。成年人的世界里讲究不给别人添麻烦。而且一旦拥有了这种"不给别人添麻烦"的意识就会形成一种美德和能力，使自己渐渐成长为独立又客气，礼貌又疏离的人。

日常生活中可以做到不给别人添麻烦的细节很多，比如说，能住酒店就绝不住在亲戚朋友家，哪怕朋友盛情邀请，也别给人家造成困扰。比如，能够自己花钱解决的事情尽量不求人去解决。比如，搬家要么自己多搬几趟，要么花钱找搬家公司，而不找亲朋好友帮忙，能用钱解决的事，为什么要麻烦朋友呢？别人去旅游或出国问你有没有需要买的并称可以帮忙捎回来，尽量感谢并拒绝，自己不是有急需或必需就不要给别人增加负担。

小事不去麻烦别人也能间接锻炼自己的处理问题的能力，同时也能够学会拥有共情力，可以最大限度理解对方的内心世界，能够站在对方的立场上考虑问题。因为我们每个人都不愿意接受别人带给自己的麻烦，同理，没有人愿意为你的行为承受不便。

这尘世间的每一个人都在忙忙碌碌地过着自己的人生。他们也许被生活压得喘不过气，也许正处在崩溃的边缘，也许正在经历人生中最大的磨难。别给他们添麻烦，别做压垮骆驼的最后一根稻草。也许在你眼中一些无足轻重的事托给别人却可能会改变他一天的所有计划和安排。你永远都不知道，你的麻烦会带给别人多大的困扰。你可以请求别人的帮助，但是要合时宜，尽可能别去麻烦别人，自己的事情自己做，把麻烦留给自己。

能够自己做的事一定要自己做。不能独立完成的事要千方百计独立完成。既然别人能够做到，你为什么不可以？自己懒得动脑筋去学，懒得动手去做，一遇到困难就想让别人帮你，别人凭什么帮你？别人拥有那么多的知识和技能，那是人家付出了很多心血和金钱才换来的，凭什么你一句"帮帮我"就可以轻而易举地得到？做一个有修养的成年人，从不轻易给别人添麻烦开始！

◎又忙又美,何须患得患失

一个女人一天24小时几乎被安排满满的。工作、孩子、老公、父母、自我成长——女人的时间被占用无几,24小时被瓜分殆尽了,能把这些顾全,就应该已经很忙了。而往往一个很忙很强的女人,根本没有闲心来制造或在意鸡毛蒜皮的小事,会因为自己的忙碌显得更加美好和独立。

忙,给予女人生活的意义。美,给予女人生命的美好。忙与美的女人,往往有着积极的思考方式、行为举止以及一个充满正能量的人生状态。作为女性,一定要珍惜自己的生命,珍爱自己的生活,又忙又美,不负自己。

当然,忙不是分身乏术,不是四脚朝天没有了生活质量地忙,而是工作时全神贯注,放松时全然放空的那种高质量地忙;美,也不是空有皮囊,而是生活时劳逸结合,是全方位的美。当一个人开始追求又忙又美的生活时,才能给自己想要的安全感,孵化出正确的价值观,对自己的能力、感情和人际关系更有信心,便会和患得患失渐渐分离。

比如工作中的忙与美的体现则是既有工作的能力,又不让自己因为工作而身心交瘁,尤其在工作中不会只注重工作而忽略了穿衣打扮,谈客户或做销售往往会因为对外在的不注意而导致工作上的失误。只有把自己的样子收拾好,别人才会相信你能把工作也收拾好。因为,那些对自己的身材、皮肤和体态管控能力强的人，很可能对工作、人际和修养有着同样的管控能力。

Y小姐30岁，她身兼数职，和朋友合伙开了一家美容院，又开了一家专门做教育的培训机构，现在短视频的风口涌来，她也开始学习直播带货。她每天很忙，基本每天睡5个小时左右，其余的时间要么是在和客户沟通，要么是在和教育机构的老师沟通，甚至有的时候还会和学生家长沟通。现在因为报名学习了直播带货的课程，她要学的东西更多了，她也更忙了。可是不管什么时候看到她永远是又忙又美，脸上画着精致的妆，对谁都露出温暖的笑容。在工作繁忙的情况下，她依然坚持每天慢跑和做普拉提，多年以来，体重一直维持在90多斤。

可能有人觉得，女人既要强，又要美美地活着好累，但是恰恰相反，当一个女人在繁忙的工作中，透出最好的精神状态和保持最精致的面貌，整个世界都会开始对她和颜悦色。当一个女人习惯又忙又美之后就会发现，维持这样一种生活状态，自己也特别享受。工作中那些又忙又美的姑娘，除了更加的自信，对生活，对事业更加从容之外，她们的个人形象就是一张行走的明信片写着自律、笃定、优雅。

千万不要小看一个又忙又美的女人，因为这样的女人不管在任何行业都会大有作为，不容小觑。

◎有质量的勤奋才能得到回报

有不少人抱怨说自己从早忙到晚，既不偷懒也不懈怠，但却没有什么成绩。事实上，有种忙碌叫"低质量勤奋"，这种状态不过是给自己营造了一个很忙、很努力的假象，或者他们做只是为了做给别人看，没有真正走心。

高质量的勤奋不是马不停蹄，而是有效利用手头的时间；努力不是一味埋头苦干，而是用智慧解决问题。要沉下心来，先学会思考再去行动，才能获得真正的成效。

那怎样才能做到高质量地勤奋呢？第一，要挤出时间学习，充电储能，提升自己。第二，梳理工作，列好计划，要事优先，逐项落实。第三，遇到难题要思考解决问题的方法，既要借鉴，更要创新。第四，要善于总结，不断积累经验，汲取教训。第五，过段时间就要留给放空自己的空闲时间，静静地思考未来，反思人生，筹划工作。

现实生活中，我们可能付出了很多，各种学习、听课、周末参加活动、培训；工作时也是各种加班、任劳任怨。时不时发个朋友圈：今天又是最后一个离开办公室，再配张符合这条状态描述的图。然后自己先把自己感动一番，感动之余还有一点自豪感。但时间久了却发现除了有一些人会在朋友圈里给你竖几个大拇指，实际上自己的努力却没什么用！为什么？因为虽然努力很重

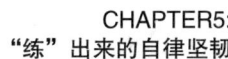

要，但是最后决定人与人之间差距的往往是努力的方向。

而努力的方向是什么？就是要找到那种"高质量的勤奋"。尽量多做重要的事，减少做琐碎的事的时间。重要的事是一些与价值观、真正的技能提升相关的，如在工作上创新改革的能力、与人沟通的能力、思维反应的能力……

不论是职场还是人生的各种选择中，选择方向的智慧比努力更重要；如果方向错了，努力的结果就是南辕北辙，越努力，离成功越遥远。

确定自己的目标是我们人生中非常重要的一件事，能够帮助我们找到奋斗的方向，并且一直朝着那个方向努力，有了目标才不至于让我们走上过于偏差的道路。这里的目标不是说一定要多么的远大，什么超过董明珠，赶上王薇琦之类的。而是根据自己目前的实际情况，确立短时期内可实现的目标。

当然，这个目标应该是会富有成效的。那什么是有成效呢？并不是说为了这个目标就放弃自己所有的兴趣爱好，一心扑到这个上面来，这样很容易产生精神上的疲劳，可能也会产生效率低下的问题。将完成自己最重要的目标的事选择放在自己一天中最有精力的时间段来进行，并且时间不要过长，否则容易产生反作用。

所以，任何一个领域都能做成功，关键是我们有没有选对方向。选一个自己的长项，并把这个长项坚持下去。如此才能不做低质量的勤奋，也将看到回报。

Chapter6:

CHAPTER6：
"爱"出来的情感与能力

洁儿语录

万千法相，靠谱才是唯一真相。万千情感，心动的才是唯一感情。万千迷惑，落地才是生活。万千技巧，相互支撑才是道。万千伤害，强大才能释怀。万万千千人事中，我们只有掌握真理的权柄，人生才会从此不同。

◎认识自己的感受,接受负面情绪

在日常生活中,大家经常会听到诸如:"我的情绪不好""我不太能控制自己的情绪",或者也听别人讲过"孩子总是闹情绪""我老婆是个情绪化的人"之类的说法。

情绪究竟是与生俱来的还是后天形成的呢?很多心理学家通过研究认为,情绪是一种非理性的反射,人们的理性无法克制和阻止情绪的发生和活动。人类的大脑里有众多与生俱来的"情绪回路",每一个情绪回路都会导致一系列的独特变化,比如在你记忆里你非常害怕蜘蛛,那么当你不小心碰到蜘蛛时就会触发你内在的"恐惧情绪回路",这个时候,你会紧张,身上起鸡皮疙瘩等等;再比如你看了一档关于亲情的感人故事,进而触发了你的"感动情绪回路",那么你就会落泪,甚至跟着哭泣。

情绪源于我们的记忆,当我们看见或思考什么时,我们的大脑立即搜索数据库,以发现相同或类似的经验,基于那种经验,我们的特定情绪就形成了。所以不同的人对同一件事可能具有不同的情绪。

所有的情绪都具有突发性和短时间性这两个特征。情绪的产生通常是由于受到外界环境刺激,然后,人体进入情绪预备状态,在这个预备状态中如果没有进行有效控制,那么情绪就会爆发出来,从而难以收拾。一般人认为情绪难以控制,是因为我们在情绪生起时正处于心理的自驾驶模式,所以就根本意

CHAPTER6:
"爱"出来的情感与能力

识不到情绪的出现，这就导致情绪的爆发。还有些时候，我们意识不到是自己的观念出现问题，或者对事情抱以先入为主的看法，把错误都推给外界，而不是反思自己，这也会给情绪管理带来困难。情绪失控还在于我们对情绪抱有错误的认知。以往，我们认为负面情绪都具有破坏性，所以当负面情绪出现时，我们不敢面对负面情绪，并且还尽量地把负面情绪隐藏起来，这样就导致负面情绪失控。

情绪不是用来控制的，更不是隐藏的，而是要正确对待、理解、调适、利用，因为这是我们每个人与生俱来的一种力量，利用好这个力量，不但不会让情绪影响自己，还会对自己有所助益。

记得有个妈妈描述自己属于那种从来无法控制自己情绪的人，尤其爱跟孩子起急，恨不得天天给自己备一个火药桶。每天的生活陷入吼孩子——觉得对不起孩子自责——压抑自己的情绪——导致下次吼得更凶——继续自责这样的恶性循环。她非常苦恼，不断地说为什么自己就这么大的情绪，别的妈妈就那么和颜悦色。事实上是她没有认识自己的感受，只是从表面觉得自己情绪大、脾气大，而不知道自己内心究竟怎么了。

一个人有情绪往往有着深层的原因，比如压力太大，生活不顺心，再或者是对孩子期望太高。往往情绪是标，引发情绪的事件是本，只要把本治好，标就会不医而愈。经过不断梳理和溯源，这位妈妈发现她之所以情绪总是爆棚，不是因为自己控制不了情绪，而是平时生活太累了。除了工作还要做家务，管理孩子的生活、学习的事务，丈夫常年在外也不理解她。当她找到了情绪的根源以后，开始跟丈夫沟通，并且雇了一个保姆，把自己从繁杂的生活状态中解脱了出来，慢慢情绪变得平和了很多。

很多时候，情绪的发生是事情的表相，情绪没有好坏，某种情绪只是一个人正在遭遇某件事情的外在反应，引发情绪的事情得以解决以后，情绪也就有了改善。

所以，情绪就像潘多拉盒子里的那些东西，既有好的也有坏的，就看你会不会利用，会利用等于放出了好东西，不会利用就等于放出了坏东西。

心智的锻炼需要一个循序渐进的过程，先要检视一下自己难以接受的自己的负性情绪有哪些，比如嫉妒、恐惧、紧张、生气、愤怒……如果产生了负性情绪，不要去否认或掩饰它，更不要责备自己，对自己生气。要先坦然地承认并且接纳自己的负性情绪。要首先接纳负性情绪，然后再想办法解决引起负性情绪的问题。把情绪引导好，心智慢慢成熟，才能达到真正爱自己，同时爱别人，如此才能真正拥有高贵之境。

CHAPTER6:
"爱"出来的情感与能力

◎接纳了情绪才能学会爱

什么是情绪管理呢？情绪本质上是我们应对环境的一种反应，而管理就是为了取得一定的成果而采用某种手段进行处理。说得更好理解些就是：当外在环境刺激你的内心某个反应的时候，你能够意识到自己要发怒、发火、发飙的时候能下意识地去调整和解决，不让那个刺激点下的情绪爆发，这就是情绪管理。

美国心理学家大卫·R·霍金斯提出了"能量级别理论"，能量层级最高的为开悟，紧跟其后依次为平和、喜悦、爱，而悲伤、冷淡、内疚是等级降低的，羞愧是最低的一个等级。

这些能量级别里面包含着最多的就是"情绪"，好的情绪就是平和、喜悦、爱，坏的情绪带来的是悲伤、冷淡、内疚。勿庸置疑，那些内在平和喜悦而充满爱的人，精神和气质一定是优雅从容的，反之，那些悲伤哀怨、内疚甚至有羞愧感觉的人，无论是外形还是精神方面一定会大打折扣。

所以，好的精神、颜值都是修炼出来的，察觉自己的情绪，为自己营造平和的心态，修炼自己处于高层次的能量级。

一个总是心平气和的女人表现往往是优雅淡定的，比如红楼梦中的薛宝钗。一个总是抑郁的人会形成抑郁的气质，看他（她）的脸你就会觉得她很有心事，显得比较阴沉，比如林黛玉。

情绪对健康的影响非常大，一股糟糕的情绪憋在身上，就像一口恶气憋在体内，会持续地破坏人体，超过一半的疾病都来自于负面的情绪。

情绪失调的人容易肝气不舒、气机郁滞，甚至引发抑郁症。这样的人不但感受不到生活的美好，而且也收获不了爱。

美国心理学家南迪·内森指出：一般人的一生中平均有十分之三的时间处于情绪不佳的状态，每个人都不可避免地要与消极情绪做持久的斗争。

但是，坏情绪真的那么坏、那么可怕吗？事实上，大自然里不会有一棵树永远都在开花结果，一个人也不可能永远积极向上、阳光乐观。遭遇坏情绪时，我们越是抗拒，越是想用强力手段除去它，它就越可能成为我们生活中的巨大阴影。

相反，如果我们能够坦然地接纳、感受这些坏情绪，并耐心地疏导这些坏情绪，这些情绪本身也可以给我们带来成长的力量。

有一个女孩，她最初是一个被医生判了死刑的腮腺肿瘤的中晚期患者。用她的话说，她从来没有想过自己一直有阳光的天空会晴天霹雳乌云密布。她最初一直以为是医生误诊了，当她又去几个大医院进行咨询，明确了自己就是腮腺癌患者的时候，她整个人并不能接纳自己这突如其来的疾病。不相信，很痛苦，这样的状态持续了很久的时间。她说："你知道吗？在那种状态下，身边所有的亲人好友说的'不要害怕、没事的'这些关心的话是完全被屏蔽的，是听不进去的，是进不到心里的，就像自己被隔绝了一样。好像自己一个人跑在黑暗当中，前面没有任何光亮。"

最终让她走出来的是她遇到一个主攻心理方面问题的老中医，老中医对她说："这个病虽然是癌的一种，但相比其它的癌症，它并不凶险，有的人带着这个癌生存很多年，甚至通过自身积极应对，有治愈的案例。只要心态好就没问题，这个病本身并不可怕。很多人都是被自己吓到了。坦然接受和面对自己的病情，反而对病有帮助。"

老中医的话开始让她思考自己面对疾病的心态问题。她自驾游了一个月，尽情流泪，尽情释放自己的负面情绪。在那么痛苦的坚持里，突然有一天，她在思考与冥想、阅读中领悟了："我要好好地接纳身上发生的这一切，别人不能代替我，我与其每天那么恐惧地生活，还不如开开心心地去面对。时间都是一样在流逝的，痛苦恐惧可以过一天，开心也是过一天，痛苦与恐惧不能解决任何问题，还不如更珍惜生命去生活，去做自己想做的事。患病的腮腺是我身体的一部分，我应该好好地跟它相处，好好地拥抱它，积极地去面对。值得庆幸的是，我还没到四十就知道了这个病，让我知道了我身体的状态，而不是到了癌症晚期才知道，这也是一种庆幸，这样就可以让我有时间将危险降到最低，也让我更珍爱生命。"

这样，她开始渐渐接纳自己的状态，也积极参加冥想疗愈课，把自己的疾病在头脑里放下，半年后复查，她原本的高危癌前病变竟然没有发展，而是比之前的情况要好很多。医生说是她的好心态战胜了疾病。

当我们执着于让自己没有情绪的时候，我们在做什么呢？其实就是不接纳情绪本身，情绪是好的还是坏的怎么区分？都是基于小我的认同罢了，如同所谓的负面能量其实更准确地说只是振动频率较低的能量，或者说是卡在了我们身体里的那些能量罢了。

其实当你真正去觉察自己的情绪的时候会发现，百分之九十以上的痛苦来自于抗拒或者说不接纳，譬如发生了一个重大创伤事件，人们会陷入极度的痛苦之中，这时候痛苦其实往往是因为无法面对、无法接受或者说不接纳已经发生的既成事实，大部分朋友希望自己只有喜悦、和平与爱的情绪，其实就是不能接纳自己的其它情绪，这些都是对抗的不同形式。对抗的结果是什么呢？就是越来越陷入情绪，无法自拔。越是不能面对，越是躲在自己的情绪后面自怨自艾或者自怜自哀，其本质还是逃避，越是不想要这些情绪，越会发现情绪越来越糟。如此循环往复，日复一日地挣扎，怎能不痛苦？当一个人心里满满都是痛苦的时候，爱又如何显现呢？所以我们会说，疗愈的第一件事，就是释放我们的抗拒。

接纳那个不健康的、不快乐的自己，当别人关心的话无法进入自己的内心时，记得要好好拥抱自己，与坏情绪对话，然后和解。知道自己很辛苦，但在黑暗的路上成为自己的光，学会接纳，无论是好情绪还是坏情绪，学会了接纳，事情就出现转机。

CHAPTER6:
"爱"出来的情感与能力

◎做一个情绪稳定的成年人

相信大家都听过这样的说法：成熟不是年龄增长，而是情绪稳定平和。如果一个人五十岁了依然无法控制自己的情绪和心态，说翻脸就翻脸，说撒泼就撒泼，那么这样的行为表现还不如孩子。反之，如果一个十几岁的孩子能够表现得情绪稳定，在别人眼中他就像个小大人。所以，我们每个人每天都要扮演好一个情绪稳定的成年人的角色。这不是逼不得已，而是成长需要。不能总是做一个抓狂的人，让人感觉不像大人，像个无理取闹的孩子。

有一个段子是这样说的：某天孩子对妈妈说："妈妈你真美。"妈妈问孩子为什么。孩子说："因为妈妈今天总在笑，所以那么美。"孩子是天下最纯粹的人，有一双纯净的眼睛，能看到身边人是否快乐，尤其是妈妈的快乐，妈妈的快乐足以影响孩子成为一个快乐的人。

情绪稳定是一种能力和智慧。《红楼梦》中刘姥姥的生计问题都没着落，但她每次进大观园都是一脸笑，把一张皱纹丛生的脸笑成了花。而林黛玉呢？天天过着衣食不愁的生活，却天天眉目紧锁，悲花愁月，哭哭啼啼。与吃喝都要发愁的刘姥姥相比，她的基本生存条件还是可以保障的，但是，为什么她没刘姥姥过得快乐呢？因为黛玉爱计较，思虑重，常常看到自己不如意的一面，不往好的一面去想，最后导致自己每天都处于忧郁悲伤的情绪里。

在《红楼梦》里，对于黛玉和刘姥姥有一段与花有关的描写：周瑞家的给贾府的各位小姐送宫花，来到黛玉这里后，黛玉赌气说："我就知道，别人挑剩下的给我！"而刘姥姥呢？二进大观园的时候，头上被鸳鸯插满了菊花，却还自我解嘲说："我这头不知修的什么福气。"这就是两种生活态度——刘姥姥比黛玉开朗洒脱，情绪积极，因此刘姥姥过得更快乐。黛玉却总是让心里的那点小疙瘩无限放大。当她得知宝玉另娶后，便哭断肝肠、泪尽而亡。如果她的心态好，此处无芳草，别处再寻觅，也不会让自己美丽的生命香消玉殒。

当然我们只是以黛玉举例，毕竟黛玉和宝玉之间的爱情，不同的人有不同的看法。再者而言，曹雪芹在塑造林黛玉的时候有他的时代背景和个人经历的作用，我们对黛玉不做过多的批判，但却不能学黛玉的心态。刘姥姥之所以乐观积极、情绪平和，不是说生活无忧，恰恰是生活不如意更不能让自己活得悲观。

从小说中反观我们每个人的人生，不如意事十常八九，成年人发个脾气都要找准合适的时机。一边崩溃又一边自愈，默默消化那些无处发泄的情绪。只有姿态低一点，个性中庸一点，情绪调控得平和一点，才不至于被生活捶晕。一个成年人最大的能力永远是情绪稳定。否则，不仅会自己过得不好，还会祸及他人。

一个成年人一生的运气，都藏在这四个字里：情绪稳定。拼情商、拼修养，说到底拼的是情绪稳定。情绪稳定才是成年人性价比更高的选择。情绪总是轻易失控，很可能引起人生的失控。

无论你身处何时何地，都请记得，做个情绪稳定的人，对自己和世界负责。

◎爱是关系的建立，先学会如何爱

我们每个人都生活在关系中，比如与同事的关系，与朋友的关系，与家人的关系，与爱人和孩子的亲密关系。在这些关系的相处中，我们能够感知情绪，也能触发情绪，如果相处得好能把不好的情绪转化为好的情绪，反之，如果关系处理不好就会引发不良的情绪。爱与情绪息息相关，爱说到底究竟是一种关系的建立，学会如何让对方感受到爱是非常重要的。

同样是情绪，会爱的人能够通过自己的情绪去影响对方的情绪。一个人越能给其他人带来舒服、愉悦和稳定的情绪，她（他）的情绪价值就越高；一个人总让其他人产生别扭、生气和难堪的情绪，她（他）的情绪价值就低。

如果你是我的朋友，每一次你和我交谈，我都能让你对自己更满意一点，对未来的生活更乐观一点，在压力巨大的生活中更快乐一点，这便是有情绪价值。

人们得出结论：最高的修养是说话让人舒服，办事让人放心。让人舒服的人一定是细心体谅他人，极具同理心的人。他们的魅力来自丰富，内敛，温情，善良，由内而外散发出一种高贵。

比如，丈夫喜欢球赛，坐在沙发里看直播，这个时候有一个他喜欢的球员进球了，这时候他会因为开心同妻子分享说："帅吧，这个球员多棒。"如果妻子能照顾到丈夫的情绪，知道丈夫需要的是妻子对他的认同和对喜悦的分享，那么带给丈夫有价值的情绪就是，表现出同喜的样子，说句"真棒，这支球队厉害，你的眼光不错"。而如果妻子对丈夫的情绪和感受并不在乎，再或者妻子本来对丈夫看球赛不做家务心有不满，也许会不假思索脱口而出："别人进球跟你有什么关系？看你手舞足蹈的，赢了球的奖金跟你有半毛钱关系？"我相信，让丈夫舒服的方式是前者，丈夫会因为有人与他分享了喜悦而心里充满对妻子的爱，觉得妻子懂他的喜好，也愿意照顾他的情绪。而后者，有可能像一盆凉水一样把丈夫刚刚燃起的快乐之火浇灭，丈夫不但不会认为妻子可爱，可能还会觉得她有些可恨。

比如，丈夫发了奖金，回家高兴地对妻子说："我发了两千块。"妻子说："才两千块，至于嘚瑟成这样吗？还以为是两万块呢。"这话听着不舒服。如果会说话的妻子则会说："唉呀，真了不起，说明我老公很能干，得奖了。"这话谁都爱听。

能够给予别人情绪价值的人是真正懂爱、会爱的人，这种爱并不是故意去迎合对方的爱，而是更懂得如何在意对方的感受，让对方"觉得舒服"的爱。

据相关资料记载，李安未成名之前曾一度在家当了六年家庭煮夫。这六年里，李安每天除了在家里大量阅读、看片、埋头写剧本外，还负责买菜做饭带孩子，打扫卫生。每到傍晚做完晚饭后，他就和儿子一起兴奋地等待"英勇的猎人妈妈带着猎物回家"。

这六年来，都是妻子林惠嘉挣钱养家。她是美国伊利诺大学的生物学博士。亲戚、朋友曾质问林惠嘉，为什么李安不去打工？大部分中国留学生不都为了现实而放弃了自己的兴趣吗？看到老婆一个人养家，李安觉得过意不去，偷偷地开始学电脑，希望能比较轻松地找一份工作养家糊口，那时他正打算放弃电影梦想，情绪萎靡不振，被妻子发现后，她一字一句地对李安说："安，要记得你心里的梦想！"后来妻子又告诉他："学电脑的人那么多，又不差你李安一个！"

林惠嘉是一位非常独立和出色的女性。李安曾说："妻子对我最大的支持就是她的独立。她不要求我一定出去工作。她给我充足的时间和空间，让我去发挥、去创作。要不是碰到我妻子，我可能没有机会追求电影生涯。"可以说，妻子林惠嘉的鼓励和支持以及在婚姻中独立的个性成就了李安的梦想。

其实，我们每个人都有能力通过给予别人情绪价值，让别人觉得他（她）自己了不起，觉得自己有价值。丈夫可以给予妻子情绪价值，妻子也可以给予丈夫情绪价值，父母可以给予孩子情绪价值。当我们学会了如何通过好好说话去让别人感受到温暖、鼓励和动力，再去沟通就能使双方受益。这不正是我们每个人都应该去觉知和提升的地方吗？

而这种给予对方情绪价值的能力就是爱的能力，当拥有了这种能力以后，建立任何一种关系都会非常融洽，让别人受益的同时自己也受益。

◎爱别人源于爱自己

有一则故事：

曾经有两个人相遇了，他们各自握着一个瓶子，他们都不知道对方的瓶子里有多少水，但他们都希望在自己想要喝水的时候，对方能够从自己瓶子里倒一些水给自己喝。

他们就这样一路走，一路走，有时会遇到和风细雨的天气，有时会遇到骄阳似火的天气，有时经过绿洲，有时经过荒原。在这一路上，他们最大的矛盾就是在指责对方不给自己足够的水喝。

最终，在他们经过一片沙漠的时候大吵了一架，他们对彼此已经完全失望，认为对方太自私。他们分手了，并且后悔自己曾经给过对方自己瓶子里的水。

离开彼此以后，他们将自己的瓶子守得更紧了，轻易不会与别人分享，却总是期待能够找到一个给自己水喝的人。

然而他们直到分手都不知道，其实两人瓶中的水都少得可怜，他们最初并非不想给对方，但是因为自己拥有得太少，甚至自己都不够喝，他们自然也无法给予对方足够的水。这个瓶中的水，就是爱。

我们每个人都像故事中的两个人一样，习惯去索取爱，而很少去付出，

CHAPTER6:
"爱"出来的情感与能力

或者还有一种可能是自己本身的爱就匮乏又怎么能对别人慷慨呢？一个人爱别人首先源于爱自己，先让自己学会爱自己，然后在这种爱的体验中才能去爱别人。

我们一定要具备爱的能力，不然跟谁在一起都会不幸福，哪怕彼此再深爱的两个人也会分开，成为彼此刻骨铭心的遗憾。

洁儿曾经深爱过一个人，爱到失去自我，那时觉得此生再无所求，只要他每日多爱我一点点，日日复月月，月月复年年，年年复此生，无妨他爱我淡薄但求爱我长久。

为了走进他的世界，我努力活成他喜欢的样子，他喜欢优秀的女孩，我就拼命学习让自己成长；为了走进他喜欢的领域，不爱看书的我每天抱着一堆枯燥的书读了一篇又一篇，让自己能悟得更透；为了保持良好的状态，我不断地健身、禅修，希望能与他一起体验更多美好的事。

终于有一天他回应了我的爱，我感觉时间在那一刻凝固了。每次看他发的信息都会傻傻地发笑，觉得自己是世界上最幸福的人，每天感恩活着。感恩世界这么大让我找到了心的归宿以及我深爱着的爱人。我跟他说世界好大，但不管在世界的哪一个角落只要有你，那个地方就是我的家，我把他当自己的命、自己的一切。痴迷地爱他，我情绪和感觉都牢牢在他身上，可最后迷失了自己。

为了能让他安心，我去了他的城市，放弃我熟悉的城市、朋友以及赖以生存和发展的事业，最后的结果是我非但没有得到他爱的长久，反而是失去，爱没有圆满却成了遗憾。

走过很长的路再回望，才发现那时的自己不懂爱也不会爱，幸福是自己给的，爱别人首先要学会爱自己。一个女子，让自己的生命更圆满、优质，才能成为爱人和孩子的骄傲，真正的爱是彼此滋养而不是消耗，是托起而不是索取。爱一个人最主要的方式是拼命成长，遇见优质的自己，才配得上初心。好的爱是两个完整灵魂相遇，共振终有共情，相倾才会同频。

因为不懂要拥有爱的能力，不会表达又任性，没有共情、诉情、允许、影响的能力，更不懂情绪管理，哪怕再相爱的两个人也会分开、失去彼此，给自己的生命留下遗憾。

爱自己，允许自己有更多精彩，不仅仅是对别人掏心掏肺，而要不断成长；不仅仅是个家庭主妇，不仅仅是个职场白领，还可以是时尚女王，可以是美容圣手，可以是运动达人，可以是交际高手……当一个女人有了更多的领域和圈子，就会拓展更多的可能性，就会对生活少很多抱怨或者不满。接触的圈子越来越广，自己也能得到提升和更广泛的认知，无形中放大了自己的格局。

就像被全球誉为"女神"的奥黛丽·赫本，她美得纯净也善得纯粹，不仅仅是公众视线中的演员，也是慈善家。她的婚姻并不是从一而终，她的情路坎坷，但她并没有把爱情和婚姻当成唯一，也没有因为爱情和婚姻让自己陷入荒乱和危机。她也不是青春永驻，只是随着年龄的增长越来越美，消失的是青春活泼的少女感，沉淀的却是优雅高贵的厚重与深沉。

所以，女人爱自己就要经常问自己几个问题：你是用你喜欢的方式来爱自己吗？（比如你本来不喜欢做某件事，为了迎合别人违心去做）你每天照着镜子欣赏自己吗？赞美过自己的每一寸肌肤吗？想一想，为什么？想一想我是真的欣赏自己吗？你爱惜自己的身体吗？比如为了这个身体你会付出时间去打理，去调养，去改善，而不是任由岁月这把刀把其切割得支离破碎？

作为女性，让别人和自己引以为傲的，绝不是自己牺牲了多少，奉献了多少，而是自己本身是一个怎样的人。

所以不妨问问自己：

我爱过自己吗？

我细心地照顾过自己吗？

我关注过自己的喜怒哀乐吗？

我主动去满足过自己的需要和渴望吗？

一个不爱自己的人内心是缺乏爱的，又怎么可能教会别人如何去爱，又怎能发自真心去爱别人呢？

爱惜自己，才会带着爱去理解和尊重身边的人，以及周围的人。

◎述情：多谈感受，少谈要求

每个人每天都要讲很多话，但大部分习惯向别人提要求，而很少谈及自己的感受。究竟是不懂爱的"述情"之道。

述情：是指用不伤害关系的方式表达自己的需求、愿望和感受。人们在表达和沟通上常犯的错误是，要么有了情绪或需求不说，闷在心里，隐忍，等到忍不住了就爆发了，要么就是常常用指责和抱怨的方式表达和沟通。隐忍伤自己，指责和抱怨伤害对方。说得简单些，就是当我们学会去正确表达自己的内心的感受、感情的时候，别人就会理解你，就不会误解你，那么就会少很多矛盾，会多许多体谅与理解。

比如，有一个女人声泪俱下地控诉老公，她关心他，不让他抽烟，他却不听。无论怎么说他不听。她很生气，认为他已经不爱她了。实际上，爱老婆和抽烟对于男人完全是两码事。如果女人非要过度解读，只能自己承受自己制造出来的负面情绪的恶果了。而且大部分女人对男人戒烟习惯去要求，而不说自己的感受。如果说："看你抽烟，我很担心你的身体健康，也担心我的身体健康，所以有些难过。"这样男人听了以后一定会思考一下抽烟这件事对自己和家人造成的影响，即使戒不掉烟，也会在吸烟的时候避开，不让妻子吸二手烟。

CHAPTER6:
"爱"出来的情感与能力

很多人缺乏述情能力，不会表达自己的感受，所以别人很难体会到他（她）内在的真实感受，也就不知道如何做才能让他（她）开心。缺乏述情能力的人往往把内心感受和想法没有表达出来，又或者明明是想表达一种诉求，到最后却变成了一种情绪的宣泄。

比如，妻子抱怨丈夫不关心自己，妈妈抱怨孩子不听话，父母抱怨儿女不结婚……这些都是在提要求，而不是陈述感受。妻子抱怨丈夫不关心自己的背后是妻子孤独，那么可以说"你能抽时间陪陪我吗？我觉得孤独"。妈妈抱怨孩子不听话可以针对具体事件对孩子说"宝贝，妈妈希望你按时完成作业，不要老让妈妈催促"。父母希望儿女早点成家，应该说"妈妈希望看到你们早点成家，那样就省得我们天天记挂"。这样直接陈述自己的感受和事实要比提要求有效得多。

当我们心情不好的时候或对对方抱有期待的时候，不要"拐弯抹角"，而要直接说。比如，可以直接告诉对方"我今天心情不好"，这样无论是丈夫还是孩子都能照顾到你的心情，知道你不开心不是因为他（她）触犯了你，而且还可能更快地帮你从负面情绪中走出来。

试想一个场景：

在外受了委屈的妻子回到家对丈夫发脾气："你能不能把你的鞋子摆放好！东倒西歪成什么样子！"

刚回家，同样心情欠佳的丈夫立刻回嘴："放那里碍你啥事儿了？"

接下来会发生的，要么是激烈的吵架，要么是互不搭理的冷战。但无论什么形式的磕绊，势必都会影响夫妻之间的感情。

假如妻子进门的时候就把自己的感受说出来"我今天心情太糟了，看到家里乱糟糟的，你把鞋子扔一地更烦躁了"，丈夫肯定就会体谅妻子的心情，不但会把鞋收拾好,还会安慰妻子。

述情的魅力就在于此,同样的意思不同的表达,效果就会不同。通过述情告诉对方自己的真实需求和感受,这等于给对方了解自己指了一条路,清晰得像一张路线图,遵照这张路线图,对方可以更好地理解你的意图。所以懂得述情的人,对方很容易理解你,从而避免不必要的矛盾和分歧。这何尝不是一种建立关系的能力,一种爱的能力呢?

CHAPTER6:
"爱"出来的情感与能力

◎共情：宽容自己，接纳别人

有一种爱的能力人人都该具备，那就是共情。什么是共情呢？就是理解并支持对方、善解人意；这是几乎所有人都希望自己的爱人能有的能力，但很多人都没有，很多人都是习惯了讲道理，教育对方，而不知道对方需要的其实是共情。有句话说得好：爱出者爱返，福往者福来。这句话是对"爱"最好的诠释，无论是朋友之爱还是上下级之爱，亲人之爱还是陌生人之间的爱，都是你付出多少就能得到多少。世上没有无缘无故的爱，先有爱出，才有爱返。尤其用在两性关系上，我觉得是最好的注解。

在《接纳》一书中说："你知道每个人最喜欢的人是谁吗？原来每个人最喜欢的人是自己，其次便喜欢能够接纳和理解自己的人。你知道每个人最讨厌的人是谁吗？原来每个人最讨厌的人是那些不能接纳自己的人，也就是在想法、感受、性情、志趣、为人处世等方面都和自己格格不入的人。"

如果人不理解人，就不会有彼此的共识，都是形同陌路。如果人不接纳人就不会有合作，每个人都是孤立的存在。世界上没有完全相同的两个人，所以彼此间要学会接纳彼此的差异，特别是夫妻更要学会完全接纳对方的差异。

很多时候，两性之间出现分歧和矛盾皆是没有共情惹的祸。很多人都不愿意站在别人的立场上来看待问题。一个拥有共情能力的人，既能宽容自己不钻牛角尖，也能够真正接纳对方。

有位太太问自己的先生说："在我们的婚姻里面，你有没有发现令你惊喜的地方？也就是说在我们的婚姻里，你有没有感觉到有特别好的地方？"先生没有考虑多久就说："有，我觉得我在婚姻里面最大的惊喜，就是我从来没有想到我能够在你面前这么自在。"

就是说，这位先生在自己的太太面前完全不需要伪装，完全可以放松，不需要担心会被妻子否定和轻视，他可以完全放松地在妻子面前做他自己想要做的事。家是一个安全的地方，家是一个容许犯错的地方，家是每一个人都可以很自在做他自己的地方，是每一个人需要感觉到他是被接纳的地方。

所谓的接纳对方不是说做人没有规矩，而是说每一个人都知道自己是被接纳、被尊重的，这是很重要的。如果夫妻能彼此接纳，那么在教育孩子时也会允许孩子的不完美，允许孩子有错、有自己的主见，而不需要完全听凭父母的安排。这就是接纳最本真的意义体现。

一个女士的先生爱吃辣椒酱，她就开始研究辣椒酱的做法，最后研究出来一种符合她先生口味的辣椒酱，每次先生出差的时候，她就会给先生备上足够的辣椒酱，这位先生在吃辣椒酱的时候，满心的睹物思人，又怎能不爱自己的妻子呢？

所以，共情力就是站在宽容的立场上去考虑别人。你期望别人怎么对你，你就怎么去对别人，这是心理学上的黄金法则，也是真正的共情。如果希望先生抱抱，端杯水，体贴同，温和等等，那么就这样去对待他。

人就是这样，多数情况下不会用对待自己的心对待别人，不能站在对方的立场上考虑和思考，所以更谈不上感同身受。很多时候，我们还不懂得换位思考，总觉得别人不理解我们，不在自己身上找原因。其实真正能够得人心的人都是懂得从不同的角度看别人、看自己的人。

用对待自己的心对待别人，说到究竟是具备爱的能力，一种非常强大的共情能力。

目中有人才有路，心中有爱才有度。一个人的宽容来自一颗善待他人的心。一个人的涵养来自一颗尊重他人的心。一个人的修为来自一颗和善的心。眼里容得下别人的人才能让人容得下他。懂得尊重别人的人才能得到别人的尊重。柔和待人的心态常伴自己，则处处祥和。

◎允许：尊重差异，允许成长

爱人之间吵架，发生分歧，很多时候都是因为不允许所导致的，不允许对方跟自己不一样，不允许对方有一些缺点，要控制对方或改变对方。在面对伴侣时，很多人觉得：我的感受比你重要，我的观点比你重要，我的期待比你重要，我的工作比你重要，我的父母比你重要……那么，伴侣会很自然地感觉被拒绝、被抛弃或者不被理解，于是争吵或者冷战出现，夫妻的亲密关系就被破坏了。

每个人都是宇宙中独一无二的存在。人的存在本身比行为、感受、观点、期待更重要。所以，作为女性，我们要经常问自己一个问题：什么更重要？只有搞清楚这件事，我们才能够真正做到接纳——哪怕我不喜欢，但是，我可以接受。

法国心理学家吉拉尔·博内指出我们只有面对一个与自己不一样的人时，才会产生爱情的眩晕。所以，男女之间存在的种种差异正是产生爱情的源头之水。情侣之间的差异是他们相爱的起因，正是这些差异让我们向对方靠近，令他/她有吸引力，因为他/她是独一无二的。

比如说一个人很细腻很温柔，就会选择一个很坚强、很果敢的男性。有的男性很细腻、很理解对方，往往也会选择一个非常大大咧咧，在工作上很能干、风风火火的女性作为伴侣。因为彼此不同而走在一起，组成一个家庭。

婚姻关系中的两人也因为彼此不同，互相有差异，才能相互吸引。但是，这些当初吸引我们的独特之处后来却会成为我们关系产生冲突的根源，接受彼此的差异不是那么容易的事。

尊重和接纳彼此的差异不是谁牵就谁，谁服从谁或谁压制谁，而是在不断相处的过程中和对方一起成长。

很多有矛盾的夫妻不肯正视自己身上的错误，以一种打死都不改的态度要求对方服软，接纳和包容。这是一种固执且幼稚的处理问题的心态。

这世界上本没有对的人，只有在某个时刻合适的人。这个世界上不存在完美爱人。所谓的完美都是某个时间段的完美。而婚姻永远是动态的平衡。今天的完美，如果放弃经营和制衡，就会变成明天的不完美，那么今天你眼里的"对"也会成为明天的"错"。不要指望通过他来弥补你生命中的缺失，只有一个完好的自己，一个"对"的自己，一个不断成长的自己才能吸引一个与你匹配的不断成长的男人，你们一起相爱，有智慧地冲撞，才能修炼出美好婚姻。

总之一句话，修炼好自己，与伴侣共同成长。夫妻之间心灵一同成长，学习沟通的技能，更要修炼自己的内在，然后，尊重对方，相互滋养，一起享受成长的喜悦。

◎影响：你变了，对方就变了

有句话说，影响一个人远比教育一个人要管用和有效得多。做好自己，对方也会变得更好；每个人都会变，在爱情关系里的人更是会因为自己的爱人而变，可以说一个人找了不同的爱人就会变成不同的人，人有可能越变越好，也有可能越变越不好，那么，自己怎么做对方就会变得越来越好呢？这就是影响的能力。

在夫妻关系里面（也包括亲子关系），人格是平等的，所以千万不要把自己放高，把自己放高，就会觉得对方低了，所以，夫妻之间，要多点欣赏和尊重，我们能做的是先改变自己。

婚姻里最不能停的是成长，甚至是逆生长。当一个女人拥有卓越的思想与智慧后，他会让男人觉得她不可小觑。而当一个女人停止学习后，她的容颜如果也跟着憔悴，那她很快就会被男人嫌弃。

男人也一样。为什么有的男人可以让太太一辈子仰慕，因为他总在成长。如果男人的成长停止了，他就会被女人嫌弃，嫌他事业不够发达，赚的钱不够多，嫌他社会地位低下。而男人如果成长得好，他不仅能得到太太的敬重，也会受到其他女性的青睐，这一点是毫无疑问的。

就像舒婷的《致橡树》里描述的那样：我不愿做攀附的凌霄花借你的枝

头炫耀自己。我必须是你近旁的一株木棉,作为树的形象和你站在一起。我有我红硕的花朵,你有你的铜枝铁干,我们共同承担寒潮、风雷、霹雳,我们共享雾霭、流岚、虹霓……我必须是一个独立的我,同时也是支持着你的我,我想只有这样的爱情才有活力,经得起洗礼,符合爱的本质——让彼此成为更好的自己。这就是影响的力量,也是平等的力量。

婚姻中的两个人,如果能在发现问题的时候,先从自身找原因,努力、有意地去认识自己的配偶并且爱对方,这奠定了美满婚姻的基础。每个人用爱的力量和肯定的力量与对方相反,当对方有问题的时候,不去想着让对方改变,而是静下来想想自己有哪些不足,哪些过错导致了对方这样的反应,意识到自己的身上的问题,不把事态扩大化,带给彼此的是益处,才不会毁掉或逼疯对方。

夫妻之间是一个互动的关系,也是一个彼此影响和互相树立榜样的关系,一旦有一个朝着好的方向行动起来,另一个也会跟着行动起来,形成良性循环。如果谁都不愿意改变自己,就会把婚姻引向死胡同。

杨绛在《什么是好的婚姻》中讲到:"我在物质至上的时代潮流下想提醒年轻的朋友,男女结合最最重要的是感情和双方互相理解的程度。理解深才能互相欣赏吸引、支持和鼓励,两情相悦。夫妻间最重要的是朋友关系,即使不能做知心的朋友,也该是能做得伴侣的朋友或互相尊重的伴侣。"

所以,能做互相尊重的伴侣,前提是不要总想着改变对方,自己先改变,对方就能改变,自己成长才能影响对方一起成长。两性的相处中,改变自己是最好的修行,最终能实现自度度人。

◎抱怨、指责最伤感情

三毛说过：偶尔抱怨一次人生可能是某种情感的宣泄，也无不可，但习惯性地抱怨而不谋求改变，便不是聪明的人了。而且在所有的关系中，抱怨和指责最伤感情也最伤人，往往会导致关系的恶化。无论是抱怨丈夫还是抱怨孩子，抱怨老板还是抱怨下属，都会使自己陷入负能量的状态并且能把这种负能量传导给对方。

毕淑敏也说过："女人变丑的那刻一定是从抱怨开始的。"一个有修养、有魅力的女人势必是一个心态好的人。这样的人遇到问题会去分析问题，而不是去抱怨。因为她们深知，不管抱怨谁，抱怨的都是自己。因为，你讨厌的别人正是你不喜欢的自己。抱怨的背后，其实是对自己的不爱，觉得自己没有能力解决眼前的问题，只好放在嘴上抱怨出来。这里不如意，那里也不如意。这些不如意累积起来就把自己变成了一个受害者，最终导致自己的人生之路越来越狭窄。

有不少女人，她们在生活中没少付出，心底也善良，但在人际关系中却很少被人记住，甚至因为自己太过抱怨而被别人抹杀了她们的付出与奉献。她们在抱怨的时候也很委屈，认为自己付出了那么多，难道还不能抱怨一下吗？所以，她们的思维造成了一个结果：付出得越多，抱怨得越多，被嫌弃得也越多。她们委屈,她们愤怒,她们期望被人肯定和赞美,却以完全背道而驰的方法表达着自己的需求,身边的人一个个离她们越来越远,不愿意和她们交谈,不愿意和她们沟通,甚至不愿意听她们说话,于是,她们更加委屈、愤怒,渐渐地把自己活成一个满腹怨气的女人。

当一个人抱怨生活不如意,工作不如意,甚至是丈夫和孩子的表现不如意的时候,无论是言语还是神情,一定都是一种纠结的状态。心若打不开,表情就是一种拧巴的状态,那样的状态,我们想想能是美丽健康的吗?

心理学家说过:"如果抱怨超过一个度,会让你积怨更深,压力更大。"心理对身体的影响超出了我们的想象,而不少人因为视线跳不出困局,从而越陷越深,这样只会让负能量层层叠加。有位哲人说:"这个世界上最多的'东西'不外乎两种:穷人和抱怨,而且两者之间存在着鸡和蛋的关系——贫穷(抱怨)孕育了抱怨(贫穷),抱怨(贫穷)又孵化了贫穷(抱怨)。人们越穷越抱怨,人们越抱怨越穷。"这句话虽然有失偏颇,但也有一定的道理:我们之所以抱怨,就在于我们认为抱怨能为我们带来某些好处,比如同情、认可和优越感。但就像哲人说的那样,事实上我们不仅会"越抱怨越穷",还会由于抱怨招致一连串的麻烦。到头来,我们反倒成了抱怨的最大受害者。

所以,聪明的人会努力开拓视野,提升认知,充实自己,内在不较劲,外在不抱怨。

当我们想要抱怨别人,抱怨让自己不满的环境、人、事、物的时候,要做如下思考:

是不是因为我的原因,才遇到这样的配偶?

是不是因为我的原因,才遇到这样的父母和孩子?

是不是因为我的原因,才遇到这样的朋友、上司、下属、其他人?

是不是因为我的原因，才遇到这样的人、事、物以及诸多的不如意？

只有自己开始思考，镜子才能从照别人转过来照自己，应该找出自己对应的毛病改掉。有句话说的特别好：外面没有别人只有我们自己。我们眼里看到一切不如意的事物都是自己的投射。怨谁都是怨自己，不满谁都是在不满自己。自己是什么样的，自己的世界就是什么样的。我们把自己想象成一个水晶球，外在的事物就是映在水晶球里的许多像，把这些像放大很多倍，就成了现实中自己身边的人事物，每一个人、每一件事，每一样拥有、遇到，都和水晶球里的一个像对应。我们只能苛求自己：对家人、对爱人、对朋友以及身边所有的人都好一点，更好一点。当你找到了自己深藏已久的爱心，当你学会了欣赏和付出，你自然就远离了苛求和抱怨。

CHAPTER6:
"爱"出来的情感与能力

◎强势不强，示弱不弱

在不少关系中，很多人喜欢把自己扮演成一个"强者"的形象，尤其在两性相处中，男女双方总喜欢冷战很久，谁都不想做那个先开口的人，以为谁示弱谁就是失败者。人的弱点让我们不肯表达自己的脆弱，不肯认输，都想让自己变成一个胜利者。

实际上，这样的想法和做法都是幼稚的，这种强势的状态只能算作逞强而不是真的强。逞强背后有很多的恐惧，害怕不被认可，害怕不被爱。实际上，逞强不算强，懂得示弱才是真强者。懂得示弱的人消融了想要通过他人认可才确定自己值得被爱的恐惧。他（她）在他（她）里面找到了爱，不需要通过获取别人的爱来维系一个虚假的自我，他（她）不再是爱的乞讨者，而成为一个真正的付出者，一个强者。

所以，表现强势的人不是心理强大，反而是内心脆弱的表现；反倒是那些示弱的人才是真正的心理强大。

随着社会的进步，很多女性获得发展的机会，能够更大限度地展现自己的价值。很多女性认为女人独立就应该像男人一样是强硬的、竞争的、不服输的，甚至还要承担起很多原本不属于自己的责任。所以，导致很多女性在变得独立、强大的同时也变得强势不肯示弱。这样的独立虽然没有错，但却很

"硬"，缺少了一种属于女性的柔软的美。事实上，这也是一种不自信的表现，觉得自己不变得强硬就没自信、不安全。

看《动物世界》，海边有两种海蟹，外表看没什么两样。一种是暴烈无比，遇敌只知进攻不知后退的。一种是温驯柔弱，遇事缩紧身子佯装不动的。有趣的是，经过千万次寒来暑往，海浪冲刷，极富进攻意识的海蟹减员甚多，所剩无几。而弱而退守、善于保护自己的海蟹却逐渐繁殖开来，几乎占领整个海滩。这是因为一味逞强的海蟹好斗，不讲战术，最终是损兵折将，其实无异于自杀。而以弱示人、讲究策略的海蟹因为懂得"保护有生力量才是克敌制胜的根本"这个道理，所以成了海滩的主人，可谓"先识时务后成俊杰"也！谁能想到，弱海蟹的最后得势。正是孕育在最初的懦弱之上——弱海蟹的"弱"实在是"弱"的美丽了。

很多女孩活得表面看似乎没有自我，很弱，默默躲在男朋友或老公后面付出，她们不关心轰轰烈烈的事情，只是温柔又琐碎地经营着当下的生活。她们并一定多美，但她们活得随顺又充实，既不拧巴自己也不拧巴男人。而这样的女性，无一不是男人喜欢的。问过很多男性朋友，无一例外，他们不喜欢强势的女人。在他们眼里，强势的女人就像仙人掌，明明是绿植，却不太讨喜，只宜种在户外，不宜养在家中。

受西方文化的影响，现代很多人都在追求男女平等，但是却不懂男女平等的真正意义。真正的男女平等是男人扮演好男人的角色，女人扮演好女人的角色。西方的男女平等是指男女在人权上是平等的，而不是要男人女人做一样的事情。有些女人想，女人来月经，就觉得男人不来不平等了；女人要生孩子，就觉得男人不用生孩子不平等了，女人觉得男人能做的事女人也能做，女人认为男人做不了的事情她还能做，所以就有了工作上拼命、生活上强势的女汉子,她们并引以为傲,大肆宣扬男女平等论,使得原本对女性认知不够明确的女人接受了这样的理论,使得这个社会越来越多的自我标榜的女汉子,使得社会上真正的女强人越来越少。

强势的女人不等于女强人。我们所说的强势,更多指的是性格上而不是事业上。很多女强人工作中是"铁娘子",回家就变"小娘子",反倒婚姻很幸福。相反,有些女人事业未必做得很大,但脾气很大,气势很大,特别喜欢在家里说一不二,我们把这种在家里喜欢做"女王"的妻子称之为强势女人。

男人不喜欢强势的女人,想要让男人成为真汉子,就不要在他面前扮演女汉子。水能载舟,亦能覆舟。可见,做个温软如水的女人才是真强大,真正的女强人,而不只是强势。

◎既有爱，又有边界

爱是什么呢？爱是不抱怨，是不评判，爱是全然的接纳和给予。所以当我们提到爱的时候，我们跟另外一个人是完全连接在一起的。无论是孩子还是我们的爱人，当我们感受到这个人对我们爱的时候，就知道对方接纳我们，理解我们，无条件地支持我们。同时，爱也是有边界的。边界关系意味着在亲密关系中的控制，既要有规则，又要有弹性。若太过控制，则过于呆板，让他人丧失自我，缺乏独立性，而太过放纵，会缺乏约束，让自己和他人迷失与混乱。

爱与边界看起来像是个悖论，却是相互依存的两面。大部分人觉得，爱难免会失去边界，甚至也有不少人认为真正的爱是没有边界的，合而为一才是真正的爱。如果坚持边界可能会把所爱的人推开或产生距离感。同样，也有的时候，我们会觉得对方保有自己界限是一种不爱自己的表现。似乎爱与界限很难兼顾，这成了很多人深受其困扰，却理不清的一团麻。但是，若是真爱就一定要有边界，要不然就会陷入把控制他人当成是爱之中。比如，一个妈妈将孩子的人生牢牢掌控说是爱，一个妻子将对丈夫的控制说成是爱，这些都是无视他人与自己独立边界的表现。

那么边界是什么呢？简单理解就是——在自己与他人之间画上一条分界

线，隔出你我，便是边界。我按照我的想法来做，不去控制你或者改变你，而你也按照你的想法去做，别来控制我、干涉我，便是最好的相处方式。

人与人之间的关系就像是刺猬相互取暖，只有适度的距离才能更加和谐地相处，距离产生美。

夫妻相处要遵循"刺猬法则"，因为如果一个女人把全部的身心都扑到一个男人身上，或者以各种方式去控制和要求一个男人，那么这样的爱反而会让男人"压力山大"，甚至有窒息的感觉。最终的结果，往往是"身在福中不知福"的男人想方设法"胜利大逃亡"，活生生被逼成"当代陈世美"，好好的婚姻破碎了。

亲子相处也是如此，如果一个妈妈以爱的名义去控制孩子，凡事替孩子操心和做主，那么孩子不但感受不到自由和爱，还会变成一个凡事都不能自己掌控的人，等到长大的那天，孩子就会逃离母亲这种爱的枷锁。

所以，想要幸福感更强，就要懂得最亲的人之间也需要安全距离的道理。保持这个距离既是尊重对方，也是看清自己，知道自己在成长。

爱意味着亲密关系中的亲密程度的把握：既有亲密，彼此又有空间。若太过亲密，则没有私人空间，让自己或他人"窒息"；而太过疏远，则会让人感受不到爱和温暖，让人感到不安全。

怎么知道你是不是在爱与边界的平衡里呢？只要你在做事情的时候你的内在是平静，并且是有力量的，你就在这个平衡当中。而一旦你内心无法平静，有各种评判的声音，同时无力感升起，这时就代表你失去了爱与边界的平衡。所以把握爱与边界的平衡，就是判定一个女性是否是智慧母亲和智慧妻子最根本的体现。

Chapter7:

CHAPTER7:
"养"出来的活力健康

洁儿语录

红尘中我万般自在见缘来缘去。

大海里我来去自如竟透彻见底。

八万四千法门终究是明心见性,

真心自在无畏一念起便得圆满。

再不疯狂就老了,献祭青春最好的方式就是不留遗憾度过每一天。唯有疯狂的梦想才有大胆的行动。不停留,做个追梦人,健康生活,疯狂老去。

在痛苦中历练,灵性才会一步步迈向扎实,在感觉中连接,心才会不断产生方向。推动我们进步的不是社会,而是我们和自身认知产生的对抗。你对抗自己,便会不断超越。

◎健康是优雅形象的支柱

"身体是革命的本钱"这句我们烂熟于心的话绝对不是一句玩笑话,而是实实在在的财富。身体好才能吃嘛嘛香,才能有好的情绪和心态,也才能外现于人优雅健康的形象,否则,没有健康就等同失去了美丽,失去了希望。健康的身体是1,后面的名利、钱财、爱情、婚姻、家庭等才是一个又一个的零。所以,当我们有幸成为一个人,并能进行独立思考和行动的时候,应该感谢造物主的神奇和父母的爱。

复旦博士于娟在《此生未完成》一书中大彻大悟写道:"在生死临界点的时候,你会发现,任何的加班,给自己太多的压力,买房买车的需求都是浮云。如果有时间,好好陪陪你的孩子,把买车的钱给父母亲买双鞋子,不要拼命去换什么大房子,和相爱的人在一起,蜗居也温暖。"这是她在绝症化疗之余写下的文字,因为失去了健康不得不抛下深爱的丈夫和年幼的孩子以及年迈的父母,她不得不终止了她生前为之奋斗的事业。

她留给人们值得思索的根本问题就是爱自己,当你失去了健康就等于失去了一切。什么想做的事,想爱的人,想完成的梦想,统统化为梦幻泡影。

我们每一个人,都应该自觉树立增强健康的意识和理念,关注自己和

CHAPTER7:
"养"出来的活力健康

家人的身心健康，真正把健康作为一个不可推卸的责任去认识。只有你做到身心健康了，你的生命质量才会提高，你的生活才会更加美好！你的家庭才会倍感温馨。因为身体健康是一个家庭幸福的根本，也是一个人快乐的源泉，更是气质优雅的基础与支柱。试想，如果没有健康的心、肝、脾、胃、肾，又何来健康红润的肌肤呢？如果没有健康的胳膊、腰、腿、脚，又何来健康活力的身材呢？

身体是一个通道，当我们身体健康了，就能连接其它的能量。只有身心健康了，人才能从心底愉悦起来，享受身体健康。那么，如何爱自己的身体呢？就是跟自己的身体玩耍，要让自己时刻处于一种美好的状态，爱护自己的皮肤，保护自己的骨骼，在意自己的三围，不是为了取悦别人，而是取悦自己。让自己永远活在健康的状态里。

有则笑话说过，女人活得是否健康美丽，要看四十岁的时候有人叫你姐姐还是阿姨，要看五十岁的时候有人叫你阿姨还是奶奶，在六十岁的时候，有人叫你奶奶还是爷爷。笑过之后有没有领悟呢？

如果我们把身体当成另一个自己，看成是自己特别好的、特别在意且深爱的朋友，那么，日常生活中，无论吃喝拉撒睡都会想到与身体互动，她不能不开心，不能不健康，不能不充满爱，你的这个朋友也会默默回馈于你。她会让你看起来神采奕奕，走起来步履轻松，这样身体就会朝着你意想不到的方向发展越来越好。

幸福的人生，要以一个健康的身体作为基础。女人要珍惜自己的身体，不懒惰。按时吃饭，好好睡觉，经常锻炼。这样的女人，永远都会很漂亮。

健康和美丽并没有价格，也不是富人的专利。对一个身心具足，充满能量的人来说，健康的生活很简单，保持简单的心境，拥有乐观向上的生活状态,这样,脸上才会总是挂着微笑;修炼自己强大、乐观、富足的内心,这样才会拥有一个真正的好身体。

拥有健康的人,其外在的形象让人看了就是舒服的、赏心悦目的,这就是健康的重要性。

CHAPTER7:
"养"出来的活力健康

◎身心健康才是根本

如果前面我们讲身体健康是一切的根本，那么想要一个健康的身体，心智和情绪首先要健康。人之所以会患各种各样的病，都是从"心"而来。所以才有了一个非常形象的说法"病由心生"。如果人的内心整天担心、害怕、忧虑、焦躁……各种各样复杂的心情，就像心在不停地往上窜，就有了"患"。作为父母，在孩子身上焦虑；作为妻子，整天疑心老公；作为下属，天天害怕上司……今天跟这个人起急，明天跟那个人过不去，要么就是跟自己较劲，这就为健康埋下了雷。患者的"患"字告诉我们，心往哪里窜，哪里就会有忧患。窜到内部，身体就会有忧患；窜到外界，外界就会有纷争。

佛家有言"身是菩提树，心为明镜台。明镜本清净，何处染尘埃。"以无念为宗旨，无相为主体，无住为根本。所谓无相，应是既看到事物的相状，又不拘泥、留恋于它。所谓无念，就是既看到事物的相状，又不以之为心念。所谓无住，乃是人的本性，任何心念都不可能停留静止，一切心念都是循环延续的，都不应该被外境所沾染和影响。佛家认为心静一切才能静，心空一切才能空，心明一切自己明，本来是明亮的心境，何来的尘埃呢？

《大学》开篇也讲"知止而后有定，定而后能静，静而后能安，安而后能虑，虑而后能得"。知止而后定，定能产生智慧，停下来当然会静，静是一种能量状态。知道为什么停下来，什么时候该停下来，如何停下来，那就需要智慧，需要心理状态和外界状态的一种平衡。

现实生活中我们也有鲜明的感受：徜徉于山川湖泊、林木泉石之间，烦恼自然熄灭；专注于追求理想、修养品性，俗气逐渐消失。所以，这就是借境调心，通过外在的有形来引导内在的无形。

我们所处纷扰世界，周围环境的喧嚣浮躁、急功近利等随时随地都可能把人们心中的平静撕个粉碎，让人遭受浮躁、烦恼之苦。世界著名潜能大师安东尼·罗宾说："影响我们一生的绝对不是环境，也不是遭遇，而是我们持什么样的心态。"

所以，我们要追求身心合一。身心本来就是在一起的，但是欲望和错误信念的干扰，导致我们过分在意外在的事物，因此，给身体带来过多的烦恼和压力。至今，仍然有很多人不能接受和理解诸如很多疾病其实是情绪病这个结论。一言以蔽之，一切压力和疾病都是身体在不断承受的结果，而承受最多的就是情绪、观念和心理状态。

现在的科学知识大致能够解释这些身心一体的症状。有情绪，就会引发呼吸改变、心率改变，并且影响交感、副交感神经，从而影响内脏蠕动和脑血管的血流；也会引起内分泌（肾上腺素等）的变化。因此，情绪、呼吸、心跳、神经、内脏、激素都是互相关联的人体内部调节系统。

人行天地间，食五谷杂粮，各种大病小灾都可以归结为：心病。心脏就是心"脏"，一旦心理紧张、激动、好胜、爱生气，就会对应着生出疾病。所以，追求身心合一的前提是要身心健康，当我们的心不够安宁，想要"窜腾"之时，记得默念五字真言：我不要生气，我不要激动，我不要较劲，我不要生病……凡是让自己不快、不平静的事情，学着加上"不应该"去参悟，都可以

CHAPTER7:
"养"出来的活力健康

有效开解。病由心起,应该交给心灭。

我们每天怎样过大概可以总结为三种方式:第一种,生存——没有感觉地每天忙碌寻找;第二种,苟活——在痛苦、憔悴中奋力保持活着;第三种,生活——每天、每件事都找到乐趣与提升,心中轻松满足地过每分钟。想要达到身心灵的合一,就要从第一第二种解脱出来使用第三种方式,才能做到人、事、物、境平衡、圆融。

由于身心一体,很多生活习惯以及引发心情变坏的小事长期积累就会变成身体的症状了。反过来找解决方法,想要保持健康,也必须从身心一体入手。这方面我可以介绍一些常见的方法:比如打坐冥想、亲近大自然、抚琴写字……这些可以调节呼吸,进而调节心率,进而安抚神经和血脉,对内脏也就大有好处。

调心就是不要太过执着,往往对人对事越执着,结果越会事与愿违,对孩子执着,孩子伤你,孩子也不好过;对爱情执着,爱会伤人,甚至伤一辈子;对金钱执着,钱会伤人,往往要么会为了钱累死自己,要么会为了钱不择手段。不执着的最终走向就是把一切看淡——淡是用水灭火,把一切看淡心就不累了。

当内心想要窜腾的时候,不妨想想,自己的房子小,还有没有房子的;自己没有什么大成就,还有别人当乞丐呢;你没有美满的婚姻,有人还没有健全的四肢呢;你一个人挺难但还有人瘫痪在床动不了呢……总之,一旦学会了总是跟下面的比,跟不如自己的人去相比,你就会逐渐变得坦然,心也就平静下来了。

一旦我们懂得了在生活中寻找平衡,就等于在理解这个世界,解决自己的心的问题。人生找到了因果,就等于找到了和谐,只有和谐才敢说自己身心健康。

◎做一个具有正念的人

常言邪不压正。正念是一切病魔的天敌,是心灵形成正气,提高人体免疫力的是灵魂。因而我们都要唤醒正念,提升正气,从内因上筑长城,固根基,正气生而邪祛。

著名作家林清玄在《欢喜心过生活》里写道:有的人活得精彩开心,有的人却活得痛苦烦恼,究其原因,主要是因为念头的态度。时刻让心保持一种积极的状态,因为一个人内心认定什么,往往就会成为什么,然后决定生命的走向是什么。每个人都是一块活生生的磁铁,你能吸引与你的主体思想相和谐的人、状态和环境。不论你在意识里想的是什么,它都会在你的生活中表现出来。

原来当我们的心在变化,念头发生变化的时候,我们的身体就会做出同样的反应。

有一个真实的案例:

一对患了恶性肿瘤,生命仅剩下三个月的英国夫妇。他们在放弃治疗后,选择用两个月的时间完成生命中最想完成的50件事,之后与旅行社订下合约,倾尽余下的四万英镑家产,进行一趟豪华的环球旅行,条件是只要夫妻中任何一位在旅程中去世,合约就自动终止。

CHAPTER7:
"养"出来的活力健康

旅行社到医院查核，认为仅剩一个月的寿命下，签订此旅行合约十分划算，就订下合约。出乎意料之外，原本以为只有一个月的旅行却持续了一年半。

而这对夫妇在同情旅行社即将破产，就自动解约返回家，赴医院检查时，发现所有的癌细胞全数消失，原本不治的恶疾竟在旅途中不药而愈。

这个情况引起美国南佛罗里达大学健康科学研究中心的首席科学家威斯理教授（Dr. David Vesely）的关注。他深入研究后发现，这对夫妇自从开始旅游，内心一直非常专注于旅游这件事，把患病这件事完全抛在了脑后，当不去想疾病而专注于享受当下的生活的时候，内心生出一种平静快乐喜悦，于是分泌出一种氨酸荷尔蒙，能治疗重大疾病和其它绝症。

他的研究震惊世界，这样的实验和研究结果也向我们传达了一堂值得一生去追求的课：最好的医生在你自己的心里。如果我们拥有正念，那么什么不顺心的事都会绕道而行，什么不好的事也会在正念的影响下变成好事。

网上有一个关于"好人品是好风水"的故事，这个故事实际上就是在诠释"心的正念带来的能量"：

有一个人，请了风水先生去看风水，在去往他家墓地的途中，远远看到墓地的方向，鸟雀纷飞，惊慌失措。

于是他告诉风水先生："咱们回去吧，这时候鸟雀纷飞，肯定有小孩在树上摘杏呢，我们去了，惊扰了他们事小，使孩子失手跌落下来事就大了。"

因而风水先生告诉他说："你家这风水不用看了，就你们这样的人家，干什么都会顺顺当当。"这个人很奇怪，就问他为什么。

风水先生告诉他："你不知道吗？人间最好的风水是人心！"

风水的原理是什么呢？就是非常核心的四个字——"心生万法"，非常简单，但是大道至简。外在的事物影响了心，心反过来就会影响一切，所以改变风水从根本上讲就是改变心，只要能够让心感到美好，感到喜悦，就是好风水。而我认为，所谓的风水就是一种"正念的力量"。

人心转了境界就转了，这是个非常深刻又影响深远的道理。英国有个诗人说过"人造住宅"，人的心如果充满良善与美好，慢慢地气场就能吸引更多的良善与美好，所以，一个人怀有正念，看待周围的事好，与人相处的关系好，慢慢自己营造的气场和风水就好了。

CHAPTER7:
"养"出来的活力健康

◎越宽恕，活得越赚

很多时候造成我们心情不美丽，生活不开心的根源在于计较和对人对事耿耿于怀。如果时时能看开，处处能放下，事事能宽恕，还有什么能够束缚住我们呢？懂得宽恕和原谅别人才能获得内心的解脱，无论你遇到的人他是多么不可原谅，甚至他还伤害过你，但是你一定要宽恕他，宽恕别人就是宽恕自己，是最大的福气。无论对亲人还是对外人，能做到宽恕，是给自己的内心一条光明之路。宽恕他人，可能不是因他们应该被宽恕，而是因为你值得拥有一份安宁、祥和。

在现实的生活中，避免不了会出现很多我们所不能容忍的事情和人，但是，要分析每一个事物的本质，要学会原谅别人，多点慈悲，对待别人的错误要学会包容，很多人连跟着自己吃苦受难几十年的丈夫或妻子都不能原谅，怎么能包容其他人呢？为人要处世要豁达、开朗，成全和宽恕别人，等于成全自己。

在宽恕别人方面有个非常著名的故事：

南非被称为"国父"的曼德拉身陷牢狱27年，并且在狱中受尽一位叫格里高的白种人看守的折磨。牢狱期间，曼德拉被关在锌房里，白天出去采石头，下到冰冷的海里捞海带，因为曼德拉被定罪为政治要犯，夜晚被限制一切人身自由。而且格里高伙同其他看守一起侮辱和殴打他，甚至故意往他的饭里泼污水，强迫他吃下。

在曼德拉当选总统以后，给格里高和其他两个同事都发了亲自签署的、参加就职仪式的邀请函，这三个人怀着不安的心情去参加。

就职仪式上，年迈的曼德拉起身致词：能够接待这么多尊贵的客人，我深感荣幸。更让我高兴的是，当年陪伴我在罗本岛度过艰难岁月的三位狱警也来到了现场。随即，他把格里高三人介绍给大家，并逐一与他们拥抱。我年轻时性子脾气暴，在狱中，正是在他们三位的帮助下，我才学会了控制情绪……

曼德拉的致词赢得了人们经久不息的掌声，也用宽恕之心让当年虐待了他27年的狱警无地自容。

仪式结束后，曼德拉再次走到格里高的身边，平静地说："在走出囚室、经过监狱大门、通往自由的那一刻，我已经清楚地意识到，如果自己不能把悲伤和怨恨留在身后，我仍因在狱中。"格里高禁不住泪流满面，那一刻他终于明白，曼德拉的自由精神是囚禁不了的，无论受了多少年的折磨，他最终还是以宽恕的方式向世人宣告了其灵魂的伟大和内心真正的强大。

我们普通人想要成长，也要抱着宽恕的心态去生活。生活中值得我们记仇的事情太少了，人生苦短，跟别人记仇是对自己能量的减损。

就像慧律法师说的那样：一般人说："我恨你"，但是你恨对方，对方也许并不知情。因为不知情，他也不会少一块肉，或有任何损失，反倒是自己的内心因为有恨而一刻也不得平静，痛苦不已。因此，我们要了解，恨是世界上最愚痴的行为。

另外，据很多研究发现，一个能够不记仇、不记恨别人的心是非常健康的。在减缓沮丧和焦虑方面，一个八小时的宽恕疗法能够和几个月的心理疗法一样起到相当的效果。因为宽恕心起,就会平息负面情绪,也就缓解了压力。

当我们自己选择宽恕别人过错时,也是解脱我们心里的苦,宽恕会让我们的心灵获得自由。因为我们的心已经放下怨恨与责怪的包袱,这也是善待我们自己。因此,到最后受益的也是我们自己。

◎乐观的人不容易生病

英国著名诗人拜伦所说:"悲观的人虽生犹死,乐观的人永生不老。"你用什么样的态度去对待命运,命运就会以什么样的方式回馈给你。在健康养生方面更是如此,那些乐观的人往往不容易生病,即使生了病也很容易好起来。央视曾经采访92岁高龄的国学大师文怀沙老先生,主持人看着台上仙风道骨模样的大师问其高寿。文老回答说自己46岁,主持人以为老人在开玩笑,没想到文老说自己从来不怎么注意自己的年龄,如果非要说个数,应该是46公岁。观众纷纷向文老提问长寿秘诀,文老说,我心中所想都是那些美好的东西。我愿意看的也都是那些美好的东西。他说,一辈子历经磨难。可是,我从来不把那些倒霉的事放在心上,始终保持乐观的生活态度。所以,一不小心就活成了百岁老人。

可见乐观的情绪和心态对于一个人健康的重要。心理学家戴维·迈尔斯指出,乐观主义是追寻生命意义和幸福的法宝。乐观的心态能够帮助个人用更加客观的视角看待生活,并清醒、理智地面对真实的人生,从而获得解脱,实现超越。乐观和我们的身体健康、生活满意度、未来发展等都相关,且大都是积极正面的相关。在医学领域不少研究者发现,乐观者的平均寿命比悲观者长20%。

人行天地间，食五谷杂粮，各种大病小灾都可以归结为：心病。心脏就是心"脏"，一旦心理紧张、激动、好胜、爱生气，就会对应着生出疾病。当我们都能够眼观好事，心想好事，保持积极乐观的情绪，就会形成修持自己的法宝，让自己远离病痛。

一项对100名哈佛大学毕业生的为期35年的长期追踪研究发现，悲观者比乐观者更不容易戒烟，且更容易生病。而乐观者习惯掌控自己的命运，更愿意积极采取行动（例如运动等）来保持健康，预防疾病。更健康的饮食与生活方式反过来也会让人身体更好、心态更积极。

乐观除了能够让人不生病之外，还能使人收获更好的人际关系，获得更多的支持与帮助。马云曾说喜欢和乐观的人相处，因为他们身上看不到负能量。每个人都喜欢和积极乐观的人交往，他们就像太阳，能将周围的人照亮。因此，跟悲观者相比，乐观者更容易获得深厚的友谊和爱情，尤其在遇到危机和遭受厄运时，朋友、亲人的安慰和鼓励会给人们更多战胜困难的勇气。一个乐观的人有乐观的磁场和能量，往往能够自带光环。乐观的人本身就是一个快乐源，一个正能量的发散场，可以感染别人和给予别人更多力量，能够赢得别人的好感和帮助。

最后，乐观的性格能够吸引"好事"。一个人遇到的事就是自己的内在吸引来的。你是积极向上的思想，你的气场就是积极向上的；你的思想是消极负面的，你的气场就是消极负面的，同时吸引消极负面的人和事，所以要加强你的正能量场，就要有积极正面的思想。具有赚钱意识的人经常吸引金钱，而具有贫穷意识的人总是引来贫穷。通过你的思想、语言和行为将为你所意识到的事物打开通道，无论富有或贫穷，都恰如你所想的状况那样满足你。一个人在心里怎么想，他（她）就会是什么样。你一直很害怕的事物总是向你走来。也就是说"你所强烈意识到的事物总是会来到你这里。"

悲观者较少主动采取行动来避免不好的事,而且在事情发生后也较少采取行动来止损,因此在他们身上发生不幸事件的概率比一般人高。而乐观者更多采用以问题为中心的策略来调整情绪、解决问题,在积极的心态、健康的生活方式、广泛的社会支持的综合影响下,乐观者比悲观者更容易远离坏事的侵袭。

人生苦短,不过就是短短的几十年,所以要乐观一点,看开一点。每天板着脸、一副苦大仇深的表情,对自己,对他人,对世界,没有任何益处,这种苦大仇深的表情只会传染给更多的人,让更多的人不开心,让更多的人苦大仇深。生活是需要阳光的,所以我们要经常到生活中去走走看看,摆脱那些负面的情绪;阳光灿烂的笑容才是真正美好的生活。往往越是乐观的人,疾病与坏事也会绕道。作为一个女性,尤其要修炼一种强大的乐观心态,女人是一个家庭的镇宅之宝,是孩子的榜样,快乐的妈妈本身是一个榜样。

◎逆生长，不是不可以

"天山童姥"是每个女人的梦想。要不然就不会有那么多的狗仔队去扒明星的整容八卦。但我们身边也有很多人，不靠整容就能变成"冻龄美女""逆生长辣妈"。明明四、五十岁了还是二十几岁的模样，让人看了心生赞叹：岁月对她们太宽容。

事实上，我们每个人都可以做到逆生长，做到只增年龄不增皱纹。怎么办呢？内外兼修就可以。

要学会内修。我们无论是三十岁还是五十岁，都要让爱流淌在心里。带着感恩与知足的心态生活。面由心生，心内无所牵系，无所纷争，表现在外的就是柔和与平静。

一个人内在的年轻来自个人的信念系统，因为年轻的真正的秘诀就是保持开心，没有别的，是那份来自内在的开心与幸福。在每一个时刻，你都做出正确的选择，也就是平和的时候，你不单单只是改变你的身体。你不改变你的内在，你的身体是不会改变的。当你的内在不健康的时候，它就开始影响你的外在。当你内在不开心了，也就开始影响你的健康，当你愤怒、压抑也就开始拥有负面振频，就像你身体里的毒药，所以影响身体健康的东西就会出现。

所以，内修就是要求我们活在当下，只要你记得这点然后充满爱，拥有平和。当你拥有平和的时候，你就不会有压力，那你所有的皱纹就会消失。皱纹就是一个人的压力的外显。一个人不开心，内在的压力就会挤压脸部的肌肉，持续挤压，脸就会出现皱纹了！如果一个人内在有和平的时候，肌肉就会慢慢放松，就会看起来更加年轻，也就不会给压力一个机会去影响身体！

当然，不是说我们永远不会有皱纹，连那么美丽的奥黛莉·赫本人生最后脸上也有很多皱纹。但我们可以用生命的绽放的状态把皱纹隐藏起来。如果内心时刻保持平和，就会认为自己变得更加年轻了！镜子里也会有更加光彩的容颜，这就是内修。

每天给自己一个功课，就是觉察呼吸，不断提醒自己，需要觉察到每个呼吸，不断地觉察，把自己带回到当下。心里生发出来一份感恩，出于喜悦心，让自己开心起来。

外修，就是要让我们的身体处于动起来的状态。我们知道"流水不腐"，同理，如果我们经常让自己的身体细胞活动起来，那么身体就会放缓衰老的节奏。甚至由于给予了细胞动起来的力量，细胞也会加速代谢，变得年轻起来。比如，慢跑时，我们和大自然的花草树木一起吐故纳新，一起感受空气、阳光和大自然的清新味道。

比如瑜珈，让身体生发一种自然的状态。想做什么就做什么，身体想怎么动就怎么动。一群人围成一圈坐着冥想，瑜伽老师用语言引导，每个人都只关照自己，感受自己的身体最想要反应出的状态，接下来最想做什么动作就让自己的身体做什么动作。

比如下一个动作是蜷着的，冥想之后身体反映出来的会是一个特别漂亮的造型。在环境、语言引导等条件结合之下，你不一定会瑜伽，但简单的站、蹲、躺、侧卧，任何一个姿势都会成为你最放松的姿势。所以瑜伽是生活的。瑜伽疗法注重的是与大自然的亲近，介入的时机非常重要。

逆生长不是不可以。没有一个人是天生自律，自己比自己才是真的不容易。如果我们一任自己的身体垮塌下去，肌肉、细胞、神态也会悄悄老去。只有时刻提醒自己"我可以活得更健康，更年轻"，潜意识里就会有一股积极的力量来推动自己，实现逆生长才有可能。

当我们心情不佳，却能努力让自己开心时；

当我们想要贪吃，却能管住自己的嘴时；

当我们想要偷懒，却能迈开自己的腿时；

这个时候，你看起来会真的年轻好几岁哦。

◎瘦身与美食二者可以兼得

世界上最让人开心的事莫过于看遍想看的风景，尝遍想吃的美食。但往往让人最不开心的事也和美食有关，尤其是想要保持完美身材的女子，总是一边想着吃美食，一边又害怕对美食不节制让身材走样。尤其当所有的观念都指向：想要瘦，管住嘴，迈开腿的时候，很多人只能二者选其一。要么选择保持美丽身材，要么放弃美好的食物。事实上，瘦身与美食二者不是顾此失彼，而是可以二者兼得。我们需要推崇另一种生活态度：要瘦身，但不要瘦嘴。唯美食与健康不能辜负。

作为一个女人，谈到吃和美食，相信有很多话题。民以食为天，不吃美食的人是傻瓜。其实，所谓的美食不一定是有多贵的食材、多精致的做法，而是依照自己身体的声音，吃出津津有味的状态。

我常听一些嘴里念叨着要减肥的女孩子，看到美食感觉难过。既要忍受吞咽口水的尴尬，又要忍受着身上甩不掉的肉肉难过。事实上，瘦身和美食并不矛盾。会吃，反而有助于身体变得健康同时还能不产生赘肉。

美食对于现在的我们，不仅只是果腹的食物，更是一种生活态度。对于热爱生活的人来说，享受美食是我们生活中不可缺少的。

美食爱好者无非两种：一种是只喜欢吃，却懒得动手去做；另一种是从买原料到做到吃，整个过程都全身心投入。做美食和品美食的过程都是乐趣无穷的，个中滋味唯有亲身实践者才能体会。新鲜的食材加上精致的烹调方式就是美食创造的不二方程式。空闲的时候就自己做饭，选择适合自己口味的食材，在厨房里忙得不亦乐乎。当美食端上桌，自己安静的品尝，体味着美食带来的幸福感觉，惬意之极。

而在烹饪的过程中，凭着对美食的感觉去搭配色、香、味俱全的菜肴时，那个过程并不辛苦，反而是一种享受。尤其当家人一起品尝着美食并吃相满足时，相信烹饪美食的人内心一定非常满足。

美食不分阶级，但分境界。你可以吃苦，可以吃甜，可以吃楼阁厅堂，可以吃大街小巷，可以吃中，可以吃洋。随心所欲地选择，随心所欲地吃，在舌与味蕾的感受和记忆中，你会从中找到并欣赏食品的诱人之处，尤其是那些貌不惊人、然味道醇厚的美食，给你带来一种惊奇，不仅仅是快乐和美所能形容的。

真正的美味让我们身体健康，心情愉悦。真正的美味是对身心灵的供养。因此，我们也理应感恩上苍赐予我们美味，理应静心去品位每一样食材的本来味道，去品尝那至真至淡的饮食真谛。

可能有朋友问了，经常吃美食，放任自己的胃，还怎么可能瘦身呢？

看过一个纪录片，里面有一个越南的厨师，与其说他是厨师不如说他是一个爱孩子的妈妈更贴切。她有两个女儿，她将两个女儿的名字合起来起了一个餐厅的名字，她是厨师兼服务员兼配菜工。夜晚涨潮过后她会带着工具去海边采集海味，早晨她就会在自己的烹饪理念下做出最贴近自然和原味的鲜美早餐。她的主要食客首先是家人，然后才是慕名而来的客人。她并不能赚很多钱，但每每讲起给家人做饭的事时，镜头下，她的笑都那么纯粹又美好。最主要的是，在她的美食搭配和供给下，家里每个人身材都很完美。用她的话说，真正会享受美食的人，往往是热爱生活又热爱健康的人。而且在营养搭配恰当的情况下，无论怎么吃都不会让自己变胖。她在践行自己的理念，也向别人证明了自己的观点。

当我们每个人都把享受美食当成一种禅修，瘦身还是一个难题吗？当我们用心去做一顿美食，或用心去品尝美食，放开自己所有的顾虑去咀嚼，去品尝时，滋养的何止是我们的味蕾和细胞，这其中还包含我们对待生活的态度，给予家人和自己的爱。

CHAPTER7:
"养"出来的活力健康

◎再忙也要保证健康的睡眠

网上有段子说:"现在很多女性的常态就是熬最晚的夜,用最贵的眼霜。"但是熬夜的危害并不只是会产生黑眼圈和眼纹,更大的危害其实是会让我们身体的内分泌整体失调,身体激素紊乱,破坏肠胃的消化、吸收功能,不仅会让皮肤变得暗沉、松弛,还会影响身体健康。养成早睡早起的好习惯不但能够让人以饱满的精神去生活工作,更是美容的好方法。

世上最快乐的事莫过于吃饱睡着闲心不操,但很多人却没有这么有福,大部分人受失眠或轻睡眠困扰。明明困得哈欠连天,但总是不能很快入睡,甚至刚刚入睡就会醒来。

睡眠就像空气、阳光、水分一样,是人体必不可缺的"营养"。人生的1/3的时间是在睡眠中度过的。足够的和高质量的睡眠是人类所必需的,睡眠质量差可诱发多脏器的疾病,严重威胁人类健康。美国的一项最新研究发现,睡得太多或太少都会增加发生糖尿病和心脏病的风险。所以,如果你的睡眠质量不高,可千万不能忽视!

造成失眠的原因有很多种,有些是生理原因,有些是心理原因,但不管什么原因造成失眠,导致无法入眠的直接因素都是神经和身体的紧张。

因此，在入眠前如何让身体和神经获得充分的放松，对于获得一次良好的睡眠非常重要。

比如，有意识地通过冥想让自己在睡前放空，让心灵舒缓通达，放下一天的工作与疲乏，洗漱完毕，安静躺在床上的时候，我们要给自己的大脑和心灵清空。轻轻呼出体内的浊气，从脚趾头开始默念：放松，放松。当整个人的潜意识都处于放松的状态下，我们就会产生一种外在的一切与我们无关的感觉，现在朝向的就是自己的内在。

人一旦向内观的时候就会生出感恩。感恩家人，感恩工作，感恩孩子，然后带着这满满的爱意进入睡眠，连梦都会是美好的。

如果你刚和某人大吵一架，然后去吃饭，就算给你一席最丰盛的美食，你吃下去也觉得索然无味。同样，在晚上入睡前，如果你心里装满了白天残留下来的愤怒、怨憎、不满等负面情绪，你这一夜的睡眠也将不得安宁，早上起来会依然感到很疲惫。

睡前冥想是提高睡眠质量的有效保障。入睡前只需冥想三个问题，就好像吃了三片安定，坚持两周，你能明显发现自己的睡眠得到改善。

在冥想的时候可以内观，自问：我是否原谅了那个对我不善的人？

把双手放在胸口上，轻轻合上双眼，回想一下，今天白天，是否有人得罪了你，在言行举止上冒犯了你，或者对你说了不好听的话。审查一下自己的心，有没有因为这个人的不善而生气，产生厌恶和怨恨。回想自己是否对帮助我的人表达了感恩。把双手放在胸口上，轻轻合上双眼，回想一下，今天白天，是否有人给予过你支持、鼓励、安慰和帮助，即使是为你做了一件很小的事情，只对你说了一句温馨的话，你有没有去感谢对方。

CHAPTER7:
"养"出来的活力健康

感受一下我是否正在为明天忧虑？今天已经成为过去，明天还没有到来，此时此刻，应该一无挂虑，安守当下。审查一下自己的心，有没有挂念明天的工作和事务，有没有在设想，在勾画，在担心。

让呼吸和动作配合，让心平和下来。修心是离不开生活的，生活状况和我们的身体是息息相关的，睡眠不仅仅和饮食有关，还和我们的一些情绪、意念有关系，有人会用催眠术助眠，这就是充分利用了心理战术，让你放轻松，我们只有把很多因素紧紧地结合在一起才能帮助我们改善睡眠质量，我们把"睡眠"二字分开来理解。"睡"由"目"和"垂"组成，所有睡觉动作暗示着一个工作——垂目。入寐之前我们应该进入闭目的状态，而"觉"是觉知。

闭上眼睛，让心觉知自己的安静状态，就能很快轻松入眠。冥想不仅仅是让身体放松，重要的是让心灵能得到一个休息的空间，还可以借助香薰、音乐等工具，让自己处在一个完全放松的境界，这个时候的你心中只有优美的音律在跳动，又怎么会心存烦恼，胡思乱想睡不着呢？

深呼吸，呼出对别人的不满情绪；默念需要感恩的人或事，让能量回输到心理，与那个意念产生联结；告诉自己，明天的事情明天去面对，此刻最好的事情就是睡觉。

无论工作和生活有多忙，都不要透支自己的睡眠，睡眠好身体才好，身体好情绪才好，情绪好整个人的状态就好，表现出来的爱的能力与别人相处的能力也会很高。这是一系列连锁反应，切不能小看一个良好的睡眠带来的影响。

◎由外而内进行断舍离

"断舍离"一词最初源起于佛教,是指人要从念头上断掉坏习气,拥有舍和离的境界,最终才能超然物外。随着日本作家山下英子《断舍离》一书的问世,使得人们开始重新审视自己的物质欲望和心灵的净洁。想要过高品质的人生,必须由外而内进行断舍离。

断 = 断绝不需要的东西;

舍 = 舍弃多余的废物;

离 = 脱离对物品的执着。

我们之所以要对生活进行"断舍离",根本目的是通过减少对物质的依赖,找回更加简单纯粹的生活状态。看一下我们的家里,很多地方都需要进行断舍离。比如,曾经喜欢了很久的所买的衣服被压在橱子的最下面,已经很久都没有见过太阳了;我们给孩子买的玩具虽然没有坏,孩子有了其它新的玩具旧玩具就再没碰过;我们跟着网上一时头脑发热买的各种流行的东西,用几次就闲置在一旁了……

这些占据生活的、不是必需的、半年之内根本用不着的东西就可以从生活中清除掉。当衣柜里、壁橱间、抽屉内都呈现出空间的时候,家就会干净宽敞,眼观之处就会整齐有序,从而使心情也会变得越来越轻松,做事也会更加

CHAPTER7:
"养"出来的活力健康

有条理。

有一位家庭主妇，原本并不是一个喜欢收纳整理的人，也舍不得扔东西。住在150平米的大房子里，却总是很拥挤，有很多东西无处放，家里有超过几百件衣服，到处是散乱的书，还有很多没有使用过的餐具。孩子的玩具不是散落在沙发底就是塞在家里的角角落落，使得家中放眼望去就是一片繁杂。孩子不好管理，家庭成员之间因为互相埋怨不做家务使得关系紧张。这位家庭主妇在学习断舍离的过程中，改变了强烈的依恋型性格。她渐渐地发现：不对物品执着，可以过更舒适的生活。尤其当她把家里不需要的物品清空以后，房子显得比之前宽敞了很多，东西也能进行归类，整个人状态既干净舒服，又降低了购买欲望，整个生活状态和人的也跟着明朗了起来。

我们由外而内进行断舍离就是先由物质的改变最后达到心境的改变。为什么我们的物质条件越来越好，却越来越不快乐了？因为囤积太多无用之物，随处堆积废品破烂，精神上的过剩观念，让我们陷入自我否定、自我谴责的消极思维之中。我们被过剩的物质、信息、欲望给绑架了。所以，断舍离是智慧、是生活方式、是观念和状态。表面上看，断舍离是一种家居整理的收纳术，从深层次来看，这是一种活在当下的人生整理观。整理房间就是在整理自己的内心。

断舍离是生活方式的改变，是由内而外的，并不是单纯的花一天，去整理杂物时间而是舍弃那些拖累自己的生活节奏、影响生活健康的不良方式。

人这一生只有懂得了"断舍离"，才能更好地无忧无虑地生活，才能将自己身边的一切安排得妥妥当当，才能使自己不会感到空虚、无助，才能不会被一张无形的网束缚，才能更好地抵挡那些欲望，活得更加明白通透。

日本作家键山秀三郎在《扫除道》一书里讲，他之所以能够带领公司创下辉煌的业绩，来自一项能力，那就是扫除力，最后扫出了哲学思维，扫出了"道"的高度，扫出了内心的清净与强大。作家讲，从小他的妈妈整天在家里打扫卫生，他在干净整洁的环境中长大，所以不自觉变成了一个爱打扫卫生的人。等到自己开办公司的时候，60年如一日，坚持打扫卫生，不但自己亲自打扫，最后带动了全公司的员工都把每日清晨打扫卫生当成一个洗心革面的步骤，所以公司的氛围慢慢发生了改变。每个人的心态发生了变化。十年的时间里是他一个人在打扫，十年之后有一两个员工帮忙，二十年以后人们都体验到了打扫的妙处，开始学习，三十年的时候，作者成立了扫除学习会，四十年以后整个日本把扫除变成了维护治安、提升环境、改变心性等最重要的举措。

这就是扫除道的力量，也是由外而内发生改变的力量。佛家讲过"扫地扫地扫心地"，当外在的环境变得洁净整齐以后，内心也会跟着有了秩序感和威严感。据统计，一个干净整洁的场连小偷都不敢去偷，那样的环境自带威严。

要想活得轻松自在，我们就需要不断地进行断舍离，进行清扫，丢弃一切不需要的东西，不仅是清理垃圾，更需要在心理上清理内心的垃圾。只有放下过去的执念，才能轻装上阵，拥有更丰富的明天。

做好断舍离，才不会过多地堆放各种物品，这样对于一个家庭的舒适、城市的文明以及个人内心的坦然都能积极地促进。所以，一个人整理房间的行为实际上也是在整理自己的内在世界。

简洁，整洁，由外而内，由内而外，随时清理内存，保持内在的清洁。

断舍离是一种艺术，也可以做成一种心理学技术，通过这样的技术，促进内心的清洁。断舍离也是一种告别仪式，我们要真正的从心理上做到断——断绝不需要的东西、断绝执念，舍——舍弃不需要的东西、舍弃过去的执念、学会放下，离——脱离对某事某物某人的某种执念、轻装上阵、活出人生好品质。

◎动起来，才能把年龄冻起来

有句戏言"四肢发达的人往往头脑简单"，经过大量的事实研究证明，这不但是一句戏言还是个悖论。四肢发达的人往往代表健康和活力，从而影响了头脑和思维，会让人变得更聪明。

运动对于健康和养生来说更是百利而无一害，不夸张地说，只有动起来才能把年龄冻起来。试看那些能够保持完美身材、健康皮肤的人无一不是靠运动。生命在于运动，要想身体好，坚持锻炼不能少，几乎所有增强身体抵抗力、提高免疫力的方法都指向了运动，生活中那些坚持运动的人看上去的确更有活力。

我们可以把身体比作一台运转着的机器，机器都是有使用年限的，不论你使用什么样的方法，只会让这个年限缩短或者延长。机器长久不用就容易生锈，那么这台机器的使用期限也就到此为止了。若想延长机器的使用时间，就需要给它进行保养，对于一台没有破损的机器来说，最好的保养方法就是给它上油；对于我们的身体来说，运动就是最好的保养。

经过医学和脑科学研究表明，神经营养因子减少可以带来认知功能的衰退，在认知衰退的早期，运动作为有效的、低成本的干预方式，的从一定程度上起到改善和延缓衰退的作用。这种认知功能改善的可能的机制是有氧运动通过对神经营养因子和生长因子的调节能改善认知功能。可见，生命在于运动是真理。

运动除了让身体变得健康之外，还能调节睡眠，能够激活认知和与情感相关的脑区，如额叶、顶叶、颞叶等。

丹麦有的一项研究，对9000例受试者随访了将近30年，其中有一个结论：不同的运动模式降低死亡风险的效果是不同的。各项运动对寿命的延长效果如下：

网球延长寿命9.7年

羽毛球延长寿命6.2年

足球延长寿命4.7年

瑜伽冥想延长寿命4.5年

自行车运动延长寿命3.7年

游泳延长寿命3.4年

慢跑延长寿命3.2年

健美操延长寿命3.1年

这个结论表明，无论什么样的运动，只要让身体动起来，就会给身体带来益处，当身体因为运动的原因变得新陈代谢加快，血液流动变快时，皮肤也会得到滋养，四肢也会变得更加有力量，充满活力。

日子繁忙，压力大，许多人逐渐丢掉了对身段的管理，每日能躺着就不坐着，时间久了，大腹便便，肥肉横生，容颜沧桑，整个人又颓又丧。再看那些长期坚持运动的人，年月对他们仿佛格外宽恕，他们精力饱满，身体轻盈。所以，运动起来的女人最美。美丽与漂亮是有区别的，一个女人是否美丽，不能全看脸蛋长得美与丑。真正的美丽是一种光彩，是自然而然的流露，是一种扑面而来的感觉。运动的女人时时散发着美的气息。刘嘉玲在微博里说过一段话，非常有道理："一个女人老了的标志绝非年龄，而是她不再爱美！保养是一种文化，是一种内涵，是一种幸福的能力，更是一种热爱生活的态度。"而运动就是一种更加积极的保养方式。运动能够让自己气血充盈光彩焕发，除了饮食上要讲究营养均衡之外，运动是必不可少的。

20~30岁时青春无敌，运动能够留住青春，身体也能完全承受各种运动压力，往往会收到意想不到的效果。等到三十出头奔四的年龄，由于运动打下的好基础，身体底子好，免疫力有所下降的时候，依然能跟上生活的较快节奏。如果是40岁以后，人生走到这个时候，很多人大概已经生完了孩子，要么是工作上的核心人物，要么是家庭的核心人物。衰老现象会更加严重，并且全身松弛。这个时候，通过运动，调整心肺功能，提高精神状态，说不定还能让你逆生长，出现身体年龄小于实际年龄的奇迹。

运动对美容最大的效益首先是加快新陈代谢，增强血液循环，使皮肤得到更多营养，提高吸氧与排汗能力。同时，运动能提高血氧含量，使全身细胞获得更多的氧和营养物质。运动还能提高皮肤温度，有利于皮肤合成胶原纤维，促进皮肤细胞储存水分，防止皮肤干燥、起皱。长期坚持运动的人比不参加运动的人皮肤密度大、结实、弹性好，脸部皱纹明显的少，肤色好，运动是人显得年轻的一大原因。运动的人看起来会更加年轻，都说女人过了三十岁就衰老得很快，确实是这样的，身体各方面的机能都会下降，皮肤会变得松弛，皱纹也会越来越多，精神状态也会下降。但是经常锻炼的人会继续保持活力，这不像保养品和化妆品，不是外在虚假的遮掩，而是由内而外

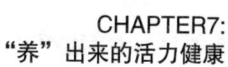

的真实体现。

所以,想要让自己变成冻龄美女,就不要把自己丢在沙发里、窝在被窝里,而是要让自己骑单车,游泳,练习瑜伽普拉提,让运动带给自己美好和健康,这样无论从身体还是心灵都能散发出活力的气息。

◎慢下来，是很高级的活法

在快节奏的生活中，每个人都很忙，忙着赚钱，忙着生活，忙着超越别人，忙着迷失自己。因为太忙了，很多人陷入了迷茫和焦虑的状态。对现代都市中的人来说，生活是一场既紧张危险又绚丽多彩的舞台剧，其中充满了不可确定的因素。想要的东西很多，害怕失去的太多，因此在有限的日子里，我们每天都在跟时针分针甚至秒针赛跑，脑海里只有"快一点，再快一点"的概念。我们总是紧绷着神经，辛苦而疲惫地活着。当生活中只有"快一点，再快一点"的时候，却失去了享受生活的乐趣，也失去了慢下来的纯净。而慢下来才是一种更加高级的活法，这样可以静静地看看风景，静静地与自己独处，可以慢慢地思考，慢慢地品位和感悟。

木心先生说过一段话引起了很多人的共鸣，他说："记得早先少年时节，大家诚诚恳恳，说一句，是一句。清早上火车站，长街黑暗无行人，卖豆浆的小店冒着热气。从前的日色变得慢，车，马，邮件都慢，一生只够爱一个人。从前的锁也好看，钥匙精美有样子，你锁了，人家就懂了。"

因为这样的"慢"显得格外珍贵又稀缺，很多行色匆匆的人已经不再拥有。大家都很忙，忙着加班工作，忙着应付老板，忙着结婚成家买房买车教育孩子……每个人都在拼命往前冲，唯恐自己落在别人身后。正是因为这样的忙碌，让很多人觉得压力特别大，竞争特别激烈，越努力往前跑，到最后却发现什么也没做好，生活也过得不好，自己过得很不健康，最终发现快节奏的生活状态最终辜负了原本珍贵的自己。在这个浮躁的时代，慢下来，才是最高级的活法。"慢生活"不是磨蹭，更不是懒惰，而是让速度的指标"撤退"，生活变得细致。

"慢"可以让自己与自己的内心对话，慢下来，才能听听自己内心的声音，才能真正找到自己想要的。太多的时候，"慢"才能找到最真实的自己。

一位女职业经理长得非常漂亮，既有才艺又有学历，不少经纪公司开出不低的条件想让其加入。她在上海闯荡，做过行政助理，办公室主任，销售部经理，整个人忙得连男朋友都顾不上谈，最后由于高强度的工作压力查出患了胆结石、颈椎病，长期用电脑，腰椎间盘突出6毫米。她不得已只能辞职回家休养，找了份清闲的工作，这却让她陷入了痛苦之中，常常躲起来哭。她不知道自己真正想做的是什么，每一条路都能走，但每一条路看似都走不通。后来，她想起了小时候外婆常常给生病中的她用草药理疗身体，她突然觉得，这才是自己真正想做的事情。于是，她下定决心做一个手工艺人，专做中草药成分的精油和药皂。她把工作室开在了江西老家的山里，每天看着郁郁葱葱的花草树木，听着山间的鸟语和流水声，整个人变得安静、平和了起来。她用一整年的时间来研究中草药，亲自上山采药，浸泡，然后做出精油和药皂。自己先亲自试验，觉得好用有效再推荐给身边的亲朋好友使用。

为了做出最好的精油和药皂，她了解了几百种油，熟悉了每一种植物的成分和生长，学习中医中药的药理，甚至还跑去国外考了国际芳疗师的认证书。她用了整整五年时间，把自己的工作室和工作的地方变成了一座天然的植物研究所。随着时间的流逝，她在乡间劳作中获得了身心的自由，她不仅满足了人们对手艺人的美好想象，还让缥缈的美好落到了实处。时间在她身上仿佛停滞了一般，尘世间的喧嚣和争斗都和她没有任何关系，她只是纯粹地慢下来，为自己而活着。她慢慢找到了自己的节奏，团队也慢慢建立了起来，产品销量不断增长，自己也找到了属于自己的路。之前得的胆结石、颈椎病慢慢不药而愈。

很多时候，我们每个人都受大环境裹挟着往前走慢不下来，所以会迷失自我，不知道自己想要什么，也不知道自己真正的潜力是什么。只有慢下来，才能看见别人看不见的，听见别人听不见的，想到别人想不到的。正如一句名言所说的："一个人最好的模样大概是平静一点，坦然接受自己所有的弱点，不再因为别人过得好而焦虑，在没有人看得到你的时候依旧能保持节奏。这样或许会走得很慢，但会走得比谁都坚实，不用害怕一脚踩空，也不用害怕走到别人的轨道上去。"

从今天起，我们都要做一个敢于慢下来的人：

也许只是上班前的一杯牛奶、一个拥抱、一句早安；

也许只是忙碌工作中的十分钟小憩、半小时放空；

也许只是日常生活中听一首歌、看一场电影、跑一次马拉松……

生活总是匆匆忙忙，但我们要敢于慢下来，敢于对无尽的忙碌说"不"，敢于对无趣的生活说"不"，敢于对这个高速运转的世界说"不"。

即便从前，我们脚步匆匆。但从前是从前，此后，该让心灵靠岸了。

CHAPTER7:
"养"出来的活力健康

◎自我完善是最大的财富

中国的儒释道都在强调自我教育、自我完善、敦厚温良以及家庭伦理，实际上就是自我完善和自我控制。

只有实现了自我完善与自我控制才能形成独特的人格魅力，一旦具有这种魅力，也就具备了财富的资源和潜力。

人格的高尚与仪表、出身和地位无关，也不是金钱能够换来的。它是一种内在的、深沉的、由里及外散发出的、灵魂的美丽和大度，是一颗有丰富内涵、有独特思想和见地、有无私情感的心灵，爱人类、爱万物、爱一切的生命，同时，热爱生活、执着追求、不懈努力、永不气馁。

一个普通的人只要心存觉悟，时时处处做到自省和自我完善都可获得圆满的幸福和快乐。不论居家生活还是开办企业，正向的思想理念、完善的人格特征对一个人为人处世和开办一个企业都有着非常重要的意义。

有一位叫蕅益的大师说："有出格的见地方有千古品格，有千古品格方有超方学问，有超方学问方有盖世文章。"这里面的见地，是思想，是个人的认识。如果把学问比成产业或产品，文章比作利润，就可以看出，这些都不是第一位的。真正排在前面的是一个人的道德、修养，先有德才能做产品、经营企业，最后才能收获利润。一个人和一个企业的次序千万不可以弄颠倒了。

音乐家贝多芬用他的音乐感动了很多人，然而在音乐背后，真正撼动人心的是他的苦难、欢乐、勇气、品格和灵魂。人格决定了人的行动趋向，而高尚的品格能激发人们内心的伟大情怀，让人变得富有内涵，勇于挑战各种困境，最终有所成就。

林肯在担任律师的时候，曾有人请他为一宗诉讼案中明显理亏的一方做辩护。林肯断然拒绝了，理由是如果自己出庭陈词，为这位理亏者辩护，那么他的内心会高喊：林肯，你是个说谎者。当一个人过着虚伪的生活，带着虚假的面具，与人做着不正当的交易时，他将每时每刻都受到自己良知的谴责。他的良知会不断地拷问他的灵魂，责骂他是个欺骗者、是个不诚实的人。这种败坏品格、引导人们走向歧途的事情千万不要去做，因为那样会削弱人的力量，葬送人的自尊和良知。

无论是贝多芬还是林肯，他们的这些行为是对自我人品的底线的坚守，也是一种人生信仰。

人若无信仰，对道德和修养的信仰，对价值的信仰，很多原本正向的次序就会被打乱。不论普通人还是企业家，每个人心中都要有信仰，有信念。追求一种美善和积极的思想，做到在浊世而独清，在清世更趋完美。

一个人就是一个企业，你在经营你自己，你是自己的CEO，人格完善等于盈利，人品有缺陷等于破产。

自我完善之路要靠自己不断地学习、读书、交流、自我思考、出外看世界等等，脑子、心灵变，没有变化就没有人生的发展。做自己人生的CEO，就得舍弃废旧的东西，扔掉无用的东西，轻装上阵。

没有完善自我的思想去追求财富等于缘木求鱼，完善个人人格以后再追求财富，财富会自然而然眷顾。

CHAPTER7:
"养"出来的活力健康

◎与一切和谐共存

我们每个人的个人健康只有放在大环境中才可能实现。要不然呢？2020年开年全世界就遭遇了肺炎疾病，让我们深刻明白，人类命运是共同体。如果自然不健康人怎么健康？所以，我们同住一个星球上，我们现在希望个体健康，但这不是一个人能做到的。我们每个人的生命中，获得健康最主要靠的是什么？是空气。你七天不吃饭可以，三天不喝水也可以，但是五分钟不呼吸可以吗？不可以。因为我们的健康一定要靠空气。所以，空气不干净，我们根本没办法健康。医院再好，医院的医生再好，如果空气污染了，你也永远不会健康。

人类发展到今天，可以算是站在了食物链的顶端，但并不是健康的，或者说并不能保证自己会活得健康。要保证全球人类健康，那么至少每个人要健康，如果每个人都能意识到健康非常重要，从自身做起，不做违背健康的事，不起破坏健康的心，才能最终帮助地球健康。

如果没有找到与"一切关系和谐共存"的心，我们很难做到独善其身。我们应该提高自己的境界，站在"道"的高度来看待世间万物，在守护健康方面也会有不一样的认知。

首先，要认识身体与心的关系。

从健康养生理念方面来说，佛教倡导以心养身，认为人的色身由地、水、火、风四大元素组成，而四大元素对应于人的心念变化，心念平衡有助于四大元素平衡，四大元素平衡，才能身心健康。这四大元素又和自然息息相关。春夏秋冬四季往复，地水火风有不同的变化，人的身体也必须顺应四季变化，从而做到先调伏其心，再调养其身。

每天试着去放空自己，跟着舒缓的音乐来一段自我冥想和疗愈。如果每一天，我们都能拿出一部分时间给自己的心灵来一次清洗，那么，我们的身体和心灵就会同频，当我们闭上双眼，就是在告诉自己我愿意、我有意愿放下头脑中的一切，就在此刻，给到自己以滋养和关爱。我就可以深深地回到源头，清晰地看到，我不仅仅是我，我更是这一份纯粹的正能量。

其次，学会开心和放心。

有个企业家很有能力，事业做得风生水起，但是脾气非常大，遇到什么事都暴跳如雷，后来得胃癌去世了，非常令人惋惜。人其实吃什么不是最重要的，最重要的是心态，有的人吃个馒头也会开心，有的人山珍海味摆在他面前他也是愁眉苦脸。所以我们更多的不是要追求物质上的享受，而是去追求精神上的富裕，让自己有一颗微笑面对世界的心。《此生未完成的》作者于娟在病中劝告大家要善待身体，善待自己的心。她还曾反思自己"我太过喜欢争强好胜，太过喜欢凡事做到最好，太过喜欢统领大局，太过喜欢操心，太过不甘心碌碌无为。简而言之，是我之前看不穿。"而后来才醒悟过来，"为了一个不知道是不是自己人生目标的事情扑了命上去拼，不能不说是一个傻子干的傻事。

得了病我才知道，人应该把快乐建立在可持续的长久的人生目标上，而不应该只是去看短暂的名利权情。"

可见，一个人学会开心学会放心是多么有价值的事，也是对健康有助益的事。

再次，遵循自然规律。

人是天地之间的生物，和其他物种一样无时无刻都在受宇宙、天地、自然规律的影响。所以，要健康就要顺天而行，如果逆天而行则会出现问题。这是必然的结果。

近几年，环保的呼声越来越高，原因为何呢？就是人们不顺应自然之道，对大自然施与压力和伤害，比如任意砍伐森林，任意捕杀野生动物，其实这就是一种强硬和不自知，其结果就是让人类的生存环境越来越糟糕。假如人们能换一个方式来与自然相处，少些掠夺，多些尊重，采取顺应的方式，遵循自然规律，那就能与自然和谐相处，人类的生活和居住环境自然会得到改善。

广西巴马长寿村一度上了新闻成了热门话题地区，那里的老人普遍能活90岁以上，甚至还有很多100出头的老人。记者调查发现了长寿的秘密，无非是这里的人们对大自然的顺应。他们不乱采滥挖，这里树木繁茂，水质优良，空气清新，正是这些自然的馈赠让这里的人们健康长寿。

所以，我们一旦学会柔弱，达到顺应之境，就会产生和谐。对自然界来说，和谐必然是符合和顺应自然的结果。如果一个地方自然界的各种事物都能按照其本身的性质和规律产生、存在、演变，并通过其性质、特点和能力相互作用、相互影响，那么其结果也一定是这个区域达到平衡和谐的状态。

当一个人能够拥有这样的思维去守护健康，就有了敬畏心，就会改变思维。思维变了习惯也会变，习惯改了生活才会改变，如果没办法改变生活，就不会健康。习惯改变后完全可以改变生活，生活改变之后，就可以改变你所处的环境。当环境改变，身边的人也会改变。慢慢慢慢，地球将完全可以改善！

如此，守护了自己的同时也保护了环境，最终从实现小我的健康变成了全人类的健康、大自然的健康，实现万物和谐共生。

CHAPTER7:
"养"出来的活力健康

后记

愿你成为更好的自己，成为更好的女子。

无论我们修炼什么，真正的魅力就在于你是否活出了自己，成为更好的自己，成为更好的女子才是一个女人获得终极魅力和气质的秘诀。

我们有义务和责任让自己成为和平的、充实的、无挂碍又无所畏惧的人。这样的人一定充满爱、喜悦、和平。大到人与自然，人与社会，人与人之间的和谐，小到自己内心的和谐，我们要拥抱自己，爱自己，达到自己内心与世界的和谐。

爱自己是修行的第一步，如果一个人不爱自己怎么可能有爱别人的能力？其次，要学生活。我们每个人都活在当下，生活处处皆是学问，皆是禅，一个会生活的人才是一个能掌握生活主动权的人。努力让自己成为一个正能量的人，带给周围人以积极的爱，感染和影响。所有的修行目的指向一个：我们要做内外皆健康的人。只有健康才是未来的生活之本，也才能收获更多有形或无形的物质财富和精神财富。

我们经常感慨："相识满天下，知己无几人。"但我们都有一个朝夕相处的朋友，那就是我们的心，我们自己的念头以及我们自己。它们是我们最亲密的朋友，可是我们对它一点都不了解，从来都没有研究过我的心到底是怎么样的，我现在到底在想什么。我们很少去了解、去关注这颗心。

我们每个人都是自己人生的主宰,我们生命中发生的一切都是我们自己的心念所引起的。这样的思想告诉我们的就是不能怨天尤人,而是要学会对自己负责。一个人如果不对自己负责,又有谁能帮得了你呢?

经过不断的修炼和成长,我们就会越来越多地拥有神性的心灵程序,真实世界的根本的动力包括:爱、圆满、内在安定与力量,心灵的力量开始自由生长,始能创造与推恩。当我们通过内外兼修而拥有了心灵的力量的时候,我们才能说自己是一个真正具备魅力的人。